GLEICHHEIT, NÄCHSTENLIEBE, GERECHTIGKEIT

Doch nur ein Ideal?

DAS BUCH

Vom Anfang der Nächstenliebe bis zum Sozialstaat. In erzählerischer Darstellung, suchend nach einer Antwort.

Dieses Werk wurde im Zeitraum 1976 bis 2021 verfasst.

DER AUTOR

Geboren 1944 im damaligen Ostpreußen, besuchte Manfred Chaluppa die Volksschule und wurde von Beruf Maschinenschlosser. Nach einer Berufsqualifizierung erhielt er die Möglichkeit, an einer Fachhochschule und Universität zu studieren. Die meiste Zeit seiner Berufsjahre war er als Sozialpädagoge mit der Betreuung neuro-psychisch Erkrankter beschäftigt.

Er ist ein begnadeter, guter Zuhörer und macht sich stets Notizen über Gespräche. Nun fühlt er, dass seine Lebenserwartung immer kürzer wird. Auch das abnehmende Suchen hat ihm die innere Ruhe verschafft, all diese Mitteilungen in seinen Erzählungen darzulegen. Die Mitteilenden wurden dazu von ihrer Zahl her immer weniger.

Manfred Chaluppa

GLEICHHEIT, NÄCHSTENLIEBE, GERECHTIGKEIT

Doch nur ein Ideal?

2021

Bibliografische Information der Deutschen Nationalbibliothek:
Die Deutsche Nationalbibliothek verzeichnet diese Publikation in
der Deutschen Nationalbibliografie; detaillierte bibliografische
Daten sind im Internet über http://dnb.dnb.de abrufbar.

© 2021 Manfred Chaluppa
Titelbild: www.pixabay.com
Umschlaggestaltung: Ursula Gassler
Korrektorat und Satz: text*REIN*, Königsbach-Stein, www.textrein.de

Herstellung und Verlag:
BoD – Books on Demand, Norderstedt

ISBN 978-3-7543-1358-9

Inhalt

Wegweisender Überblick

Es beginnt in der Gegenwart, mit der Unterhaltung in einer Familie.

Auslöser ist der Kampf des Sohnes. Dann der Einwand seiner Mama, dass eine Nächstenliebe schon vor sehr langer Zeit eingefordert wurde.

Wann geschah dieses? Erstmals aufkommend durch diesen Jesus?

Nein, nein! Sicherlich viel, viel früher schon. So mit dem Beginn der Zeit unter den Menschen des Beherrschens und den Beherrschten. Bestimmt traten viele auf, um das zu ändern. Unzählige, die dafür ihr Leben lassen mussten. Keiner kennt ihre Namen.

Weiter dann, das geschichtliche Werden, im Auf und Ab diese Nächstenliebe Realität werden zu lassen. Bis hin in die Gegenwart des Aufbaues eines demokratischen Sozialstaates, hier in diesem Lande.

Im Zusammenhang damit, dass aus der Suche nach einem »Miteinander« auch immer das Bemühen zu einem gerechten Dasein unter den Menschen erreicht werden könnte. Was ist gegenwärtig von diesem schon gegeben?

In den Folgen der einzelnen Erzählungen kommt es zu inhaltlichen Wiederholungen bestimmter Ereignisse. Mit dem Unterschied, dass diese sich verändernd in ihren Erscheinungen fortentwickelt haben. Auch wenn sich Geschehnisse von gestern niemals wiederholen, aus dem Vorherigen aber doch Neues erblüht. Das Heute trägt somit auch immer das Gestrige in sich.

Die Hauptakteure in dieser Erzählung sind die immer wieder auftauchende »Nichtfassbare« sowie auch dieses Unbegreifbare, das »Ewig Wirkende« in der Natur. Für die Gläubigen das Göttliche, der Allmächtige.

Die »Nichtfassbare« kann der Glaube, das Ideelle, die Hoffnung, das Sehnsuchtsvolle nach einer Heimstätte sein.

1. TEIL

Von der Nächstenliebe hin zur Suche nach Gerechtigkeit

Ein prägendes Erlebnis

Er vernahm dieses Wort. Er? Ein Suchender!

Welches war wohl gemeint?

Nächsten…? Liebe …?

Nächsten-Liebe!

Welch ein wohlklingendes, zusammengesetztes Substantiv. Immer wieder auftauchend in den menschlichen Gefühlswallungen. Doch wie sind beide Wörter belebend konkret zu füllen? Wem, welchen Fassbaren, kann man beide Wörter unterordnen, damit man sie von ihrem Inhalt her auch konkret begreifen könnte?

Das Wort »der Nächste« plastisch darzustellen, scheint nicht allzu schwer zu sein. Das hat man ja bildlich in all seinen Formen vor sich. Die Materie, die Erde, die Luft, das Wasser. Daraus die Wesen, wie Pflanzen, Tiere, Menschen. Es ist ja gegeben, alles ist erfassbar, wird begreifbar.

Doch dieses, was Liebe sein könnte? Erfassen wie eine Sache, einen Gegenstand, das scheint schier unmöglich zu sein!

So begab er sich, eigentlich nun schon sein ganzes Leben lang, auf die Suche, um zu erfahren, herauszufinden, was diese Liebe nun bedeutet, um diese konkret fassbar zu machen.

Oh, er hörte darüber unzählig viel Beschreibendes, in Gedichten, Romanen, in Liedern.

So hieß es: Liebe sei wie ein Rausch, eine Sehnsucht, ein Verzehren, ein unzerstörbarer Drang, ein besitzen Wollen; etwas Anbetungsvolles, ein Beherrschen, ein Folgen.

Sie sei auch so wie weiches Wasser, das aber doch den harten Stein höhlt. Wie ein scharfes Messer, das tief im Herzen brennt. Für den einen ein Rosen-, für den anderen mehr ein Dornenstrauch …[1] So könnte man ewig Weiteres aufzählen, was nun alles so unter diesem Wort zu verstehen sei.

Doch dies alles gab dem Suchenden keine zufriedenstellende Antwort. Es war einfach nichts konkret Fassbares darunter.

Dann so, in seinen der Endlichkeit zuneigenden Lebensjahren, waren alle Familienangehörige zu einem festlichen Anlass zusammengekommen. Es befand sich auch eine junge Mutter mit ihrem Neugeborenen, ein wenige Monate altes Mädchen, unter ihnen. Sie hielt dieses behütend bei sich, liegend auf ihrem Schoß. Es schaute dabei, irgendwie verlangend, nach seiner Mama hoch. Diese fühlte sogleich, dass ihr Kindlein nach ihrer warmen Muttermilch ein Verlangen hatte.

Sie legte behutsam ihre Brust frei. Ihr Kindlein strebte sofort danach. Umschloss diese mit seinem Mündlein. Saugte so lange, bis es gesättigt sein Köpf-

---

[1] Abgeleiteter Liedertext aus: Liebe ist wie wildes Wasser (Komponistin Amanda McBroom, 1979, USA).

chen wegdrehte. Die Mutter wiegte es nun weich in ihren Armen.

Ja, und dann fiel es ihm sogleich auf. Beide, Mutter und Kindlein, blickten sich sanft an und lächelten sich warmherzig zu. Es entstand, wie er es verspürte, dabei eine Atmosphäre, als wenn nun beide miteinander verschmolzen und zu einem Einheitlichen geworden seien.

Der Suchende, mitfühlend, spürte dies auch alles. Dann war es da, in ihm, das Empfinden, gefunden zu haben, was Liebe ist.

Es ist so einfach und doch so faszinierend: »Liebe ist Leben und Leben ist Lieben.« Ein zusammengehöriges Aufnehmen und Abgeben.

Oh, fiel ihm so ein, warum habe ich, um dieses zu erfahren, nur eine so lange Zeit dazu gebraucht?

Der Weg hin zum Sozialstaat – Die gegenwärtigen Familienstrukturen

Diese Familie, wie sie im Jahr 2020 auch hier in dieser Gesellschaftsstruktur vorzufinden ist, wird als Kleinfamilie bezeichnet. Großfamilien existieren ebenfalls. Aber meist mitgebracht von Migranten, die in ihren Traditionen hier wie in ihren angestammten Ländern weiterleben wollen. In der Erstgenannten gibt es meist nur ein, zwei Kinder in einem Haushalt, wohnend mit ihren Eltern. Bezeichnet als Ein-Generationen-Familie.

Somit nicht mehr, wie zu früheren Zeiten, mit weiteren Angehörigen und Verwandten zusammenlebend.

Doch auch hier gibt es gravierende Unterschiede, wenn man die soziale Schichtenzugehörigkeit hinzuzieht. Es existiert ja eine sogenannte »gehobene Schicht«, die meist sehr vermögend ist. Dann auch die breite Masse der mittleren sozialen Schicht, mit normalem bis gut ausreichendem Einkommen. Des Weiteren noch, auch in hoher Zahl, die Ärmeren, genannt auch Unterschicht. Das von diesen erzielte Einkommen reicht häufig nicht für deren Lebensexistenz, sodass man auf staatliche finanzielle Unterstützung angewiesen ist. Diese wird aber meist von den Betroffenen, da nicht mit ihrem Ehrgefühl übereinstimmend, nicht in Anspruch genommen.

In der gehobenen sozialen Schicht haben die Frauen in der Mehrzahl auch eine gute Schul- und Berufsbildung oder einen Studienabschluss erhalten.

Mit den meist hohen finanziellen Einkommen wird zur Erledigung der häuslichen Arbeiten sehr häufig eine Haushaltshilfe beschäftigt. Somit können die Ehefrauen auch einer Berufstätigkeit nachgehen. Jedenfalls in den Morgenstunden, um dann nachmittags ihre Kinder zu betreuen. Deren Ehegatten teilen selten ihre Berufstätigkeit mit den Frauen. Bleiben in einer Vollzeitbeschäftigung. Zur Erziehung der Kinder wird sehr großen Wert auf eine gehobene Schulbildung gelegt und dass diese einen gymnasialen Abschluss, das Abitur, erreichen sollen.

Nur eins ist fast gänzlich verschwunden: Dass zur Betreuung der Kinder eine Kinderfrau oder auch nach der Geburt eine Amme angestellt wird. Der Tagesablauf für die Kleinen wird mehrheitlich von den Kindertageseinrichtungen oder den Schulen durchgeführt.

In den mittleren und unteren sozialen Schichten ist die Struktur der Familien noch anders geprägt. Überwiegend ist der Ehemann der Hauptverdiener. Die Ehefrauen nehmen, wenn es möglich ist, auch immer häufiger eine »geringfügige Beschäftigung« auf. Doch meist haben sie rein die Rolle einer Hausfrau und Mutter inne. Viele dieser Frauen haben nur eine »niedrige Schulbildung« und meistens keine Berufsausbildung mitgemacht.

Die Kommunikation in den Familien hat sich allerdings weiterentwickelt. Viele der Frauen sind nicht rein ihren Ehemännern untergeordnet. Der Wortschatz aller hat, wahrscheinlich mit durch die Beeinflussung der Massenmedien, zugenommen. Auch die Wissensanreicherung der Angehörigen hat sich gesteigert. Häufig ist dadurch der Wissensstand der Frauen höher als der ihrer Ehemänner.

Auch wenn die Kindersterblichkeit fast bei null liegt, so kommt es doch häufiger vor, dass die Kinder der unteren, aber auch mittleren Schichten alkohol-, nikotin- oder drogenabhängig sind.

Nun das Familiengespräch

»Oh Gott!«, so kam es entsetzt klingend aus dem Munde seiner Mutter hervor.

»Junge, wie siehst du denn aus! Wer hat dich denn so zugerichtet? Was ist mit dir passiert? Du hast ja einen hochroten Kopf. Deine Haare sind so zerzaust. Ja, und schrecklich, du blutest ja am Auge und an deiner Nase.«

Ihr Sohn schaute seine Mutter heldenhaft wirkend an, prustete dann sogleich los: »Dem anderen hab ich ganz schön seine Visage poliert.«

»Waaas?«, entkam es dieser.

»Ja, ja«, fuhr er fort. »Der wollte mir mein Taschenmesser nicht zurückgeben. Dies musste ich mir dann im Kampf mit ihm zurückholen. Auge um Auge, Zahn um Zahn«, posaunte er noch dazu.

Wer sei denn nun dieser andere, fragte seine Mama.

Ach, den kenne sie nicht. Der gehe mit ihm in eine Klasse. So ein Angeber und Aufschneider. Der gerne der Stärkste unter den Jungs sein mochte.

Seine Mutter desinfizierte nun seine Blessuren. Kämmte ihn fürsorglich und klebte auf die Wunde an seinem Auge ein Pflaster. Junge, Junge, meinte sie noch liebevoll zu ihm, er sei ja ein richtiger Krieger. Dann erhielt er noch ein leckeres Essen von ihr.

Seinem Vater, am Abend von der Arbeit heimkehrend, fiel die Verletzung an seinem Auge gleich auf.

Was denn da geschehen sei, fragte er ihn.

Der Bub zögerte etwas mit dem Antworten. Wollte ihm nicht so recht das, was geschehen war, erzählen.

Der Papa fühlte dieses Unentschlossene und forderte ihn auf, mit der Wahrheit nicht hinter dem Berg zu halten. Betonte dann noch, das mache erst den richtigen Menschen aus, nichts zu verschweigen.

Nun ja, meinte sein Sohn, er habe halt gegen einen anderen kämpfen müssen, der ihm was wegnehmen wollte. Das sei doch gerecht.

»Oder Papa?«, fragte er.

»Recht hast du, mein Kleiner.«

Wenn es sein muss, dann müsse man seinen Mann stehen. Auch mit Gewalt zu seinem Recht kommen. Sogar dem anderen eins hinter die Löffel geben. Man dürfe sich nicht unterbuttern lassen. So sei das überall. Nicht nur in der Schule, auch im Arbeitsleben. Ja, und das war auch schon so vor Abertausenden von Jahren.

»Man muss schon den Kampf aufnehmen, damit etwas besser, gerechter werden kann. Ja, das war auch unter den Menschen vor langer, langer Zeit schon so.«

»Wann war das denn?«, fragte der Sohnemann.

»Oh«, meinte der Papa, »das muss schon vor dreitausend Jahren, sogar in noch weiter zurückliegender Zeit gewesen sein, wie man erforschend dies entschlüsselt hat.«

So erkannten auch die zwei Philosophen Karl Marx

und Friedrich Engels[2], dass es damals unter den Menschen »Klassen« gab. Das Entscheidende ist, dass zwischen beiden ein nicht überwindbarer »antagonistischer« Gegensatz besteht.

Die einen existierten nur rein von der Aneignung der Arbeitserträge der anderen. Die Letzteren mussten arbeiten. Die Ersteren nicht, sondern nahmen diesen die erarbeiteten Werte weg, um leben zu können.

Sie nannten diese gesellschaftlichen Zustände eine »klassenartige Sklavenhaltergesellschaft«. Diese Ausbeutung der erarbeiteten Werte durch andere bestehe auch heute noch. So sehen es viele der darüber Bescheid Wissenden.

Einfügend in der nun weiteren Erzählung wird auch dargestellt, dass es gesellschaftlich die sogenannten »sozialen Schichten« gibt. Das bedeutet keine Verneinung des Klassenbegriffs. Es ist eine differenzierte Darstellung der menschlichen Gruppierungen in der Gesellschaft. Diese existieren, auch wenn nicht antagonistisch, aber doch in unterschiedlich erscheinender Lebensweise. Meist wird diese Definition von Soziologen gebraucht.

---

[2] Karl Marx, 1818-1883; Friedrich Engels, 1820-1895; Philosophen, Theorie des Historisch-Dialektischen Materialismus. Orientierten sich nach F. Hegels idealistischer, dialektischer Philosophie. Lehnten aber die Vorstellung von einem »absolut objektivem Geist«, in dem, was erkennbar ist, ab.

Familien in der Antike und das Aufkommen der Nächstenliebe

Seine Mama hörte auch alles mit; meinte dann, mit etwas sanfter Stimme:

»Es gab mal da jemanden, genannt Jesus[3], von dem ich weiß, dass er vorschlug, die Menschen untereinander sollten einen anderen Weg einschlagen. Das hat mir meine Mutter schon erzählt.«

»So, so«, kam die Frage vom Sohn herüber. »Was hat die Oma dann so alles gebabbelt?«

»Er, also Jesus, setzte sich dafür ein, dass man seinen Mitmenschen lieben solle, wie man sich selbst liebe.«

»Ja, aber der andere, der Heini, war doch derjenige, der mir Böses wollte«, prustete der Sohnemann ihr entgegen.

Mama fuhr aber ohne zu zögern weiter fort. »Dazu sagte dieser Jesus, wenn einer dir eine Ohrfeige gibt, dann schlag nicht zurück, sondern halte deine andere Wange hin. Bleib also friedfertig. Denn nur so erreicht man letztendlich etwas Gutes. Ein Miteinander wie eine Nächstenliebe.«[4]

---

[3] Jesus von Nazareth, Biographie unbekannt. Wahrscheinlich ein jüdischer Wanderprediger in der Zeit des Römischen Imperiums. Soll am Kreuz wegen aufrührerischen Redens hingerichtet worden sein.

[4] In späteren Schriften verfasste Bergpredigt von Jesus, Bibel-NT – Matthäus, 9. Kapitel.

»Puh, dann müssten aber alle untereinander, ob stark oder schwach, reich oder arm, Herr oder Untertan, gemeinsam an einem Strang ziehen.«

»Das wird es wohl nie geben«, meinte dazu der Papa. Falls man sich nicht zur Wehr setze, dann bilde der andere sich doch noch ein, dass er der Stärkste sei.

Die Mutter ergänzte weiter: »Dafür, dass die Menschen alle Brüder und Schwestern werden für diesen Glauben, nahm er sogar seinen irdischen Tod in Kauf.«

»Es ist ja sehr spannend«, meinte der Sohn. »Wie war das denn so damals, in der Zeit des Römerreichs mit den Familien?«

»Oh, dieses war die Zeit, als das römische Imperium bestand. So von 750 vor Christi an. Es wird auch Sklavenhaltergesellschaft genannt. Die Familien müssen sich in dieser Zeit sehr krass unterschieden haben«, erzählte sie weiter. Auch etwas glücklich über diese Neugierde ihres Kindes.

Es gab eine herrschende Oberschicht, auch Herrenklasse genannt. Das waren anfänglich erst die Könige und die Priester mit ihrem Hofstaat.

Dann, in der Zeit, als ein demokratisches System, die Volksversammlungen, ähnlich einem Parlament, eingeführt wurde, waren es meist die Großgrundbesitzer, der wohlhabende Adel, die Händler, Bauern, Handwerker, auch Patrizier genannt, welche mit einem Staatsapparat, den Beamten (Konsuln), dem Senat (Gewählte der Versammlungen), einer Justiz sowie Statthaltern und einer mächtigen Armee regierten.

Doch dann kam es zu einer Einzelherrschaft mit einem Cäsaren[5] und weiter folgenden, genannt auch Kaisern. Die größte Machtentfaltung war zirka 100 Jahre nach Christi Geburt.

An sozialen Schichten kamen zu der oben Genannten recht breite Bürgerschichten hinzu, die auch ein Stimmrecht im Senat besaßen. Die waren meist recht vermögend. Dann gab es die Ärmeren, die Plebejer. Das waren Stadtbewohner oder Bauern, die eine Zeitlang, erfolgreich durch ihren Aufruhr, auch in den Vollversammlungen stimmberechtigt waren. Deren Stimmrechte waren aber häufig von den Reichen zu deren Gunsten einseitig abgekauft worden.

Die Familienstrukturen waren prinzipiell so gegeben, dass die Männer »absolute Oberhäupter« waren. Das durchweg in allen sozialen Schichten, außer bei den Sklaven. Die Frauen hatten sich ihren Ehemännern vollkommen unterzuordnen. Deren Männer hatten sogar das Recht zu strafen. Die Frauen durften alleine keine größeren Verträge abschließen. In den ärmeren Schichten versorgten sie im Haushalt die

---

[5] Julius Cäsar, 100-44 v. Christi Geburt; Imperator, Diktator des Römischen Reichs. Einer der größten Feldherren. Durch seine gewonnenen Kriege wurde Rom ein Riesenreich. Dadurch erlangte er die Alleinherrschaft über Rom. Zerstörte das republikanische System, wurde Diktator und Cäsar, Kaiser. Ermordet durch seine Widersacher im Jahr 44 v. Chr.

Familie. In den oberen Schichten hatten die Frauen dazu ihre Diener und Sklaven.

Unter den vielen Sklaven, die ja wie Arbeitstiere behandelt wurden, herrschte eine ganz andere Daseinsweise. Immerhin waren in der Machtblüte Roms, etwa 400 v. Chr. bis 300 n. Chr., über die Hälfte der dort Lebenden Sklaven. Sie durften weder Familien gründen noch als Familie existieren. Gebaren die Frauen Kinder, dann wurden diese zur Adoption an reichere Familien freigegeben. Oder, das gab es auch häufig, die Kinder wurden in Sammelbehausungen wiederum zu Sklaven oder Diener erzogen.

So krasse Unterschiede gab es damals in diesem Römerreich.

Deswegen war es kein Wunder, dass immer wieder Menschen dazu aufriefen, eine bessere und gerechte Welt zu schaffen. Oder auch, sich von ihrer Vernunft leiten zu lassen. Diese Lebensauffassung musste dieser Mensch mit Namen Jesus ebenso gehabt haben. Auch vor seinem Erscheinen gab es immer wieder diese Vorausschauenden, Propheten, die ähnlich Tugendhaftes den Menschen verkündeten.

Doch wie ein Wunder, lebte sein Rufen als ideelle Hoffnung, als Glauben, einem Bekenntnis zu etwas Göttlichem, welches auch die Menschen in ihren Handlungen erreichte, damit sie untereinander sich achten sollen, weiter. Die daran glaubten und so auch leben wollten, genannt nun Christen, hatten es damals sehr schwer. Sie nannten sich deswegen so, da sie darin überzeugt waren, dass Jesus, wie in der Bibel geschrieben stehe, der Messias, der gesalbte Heilskönig sei. Diese Bezeichnung heißt in der griechischen Sprache »Christus«. Sie konnten sich nur im Verborgenen treffen, denn sie wurden vor allem von den Herrschenden und deren Anhängern verfolgt, eingekerkert, gequält, sogar getötet. Es gibt Berichte darüber, dass sie gekreuzigt oder auch in großen Arenen, mit unzähligen sensationshungrigen Zuschauern, den Raubtieren zum Zerfleischen ausgesetzt wurden. »Brot und Spiele«, wie es hieß, das gefiel den meisten der dort Lebenden. Das hatte ihnen ihr Cäsar in Erfüllung einer angenehmen Existenz versprochen. Hier nun wurde es verwirklicht, und sie dankten es diesem mit ihrem frenetischen Applaus, aber auch angepasster Untergebenheit.

»Ja, warum denn das? Waren denn alle anderen, die dem Grausamen so zujubelten, alles böse Menschen?«, fragte der Sohn.

Nein, dies nicht, meinte die Mama. Sicher gab es damals auch schon viel Gutes. Nur passte es vielen nicht, dass diese Christen nur von einem einzigen Gott sprachen. Die meisten waren davon überzeugt, dass es viele Götter, überall im Verborgenen wirkend, geben musste. Vor allem galt das für diejenigen, welche außerhalb der Städte lebten. Diesen Heidemenschen. Die Christen bezeichneten sie danach als Heiden. Dann war es für die meisten auch noch unverständlich, dass es keine Unterdrückten, andere ihnen

Ungleiche geben sollte. Keine Arbeitssklaven, keine Landarbeiter. Dass die Frauen gleichwertig wie die Männer sein sollten. Das empfanden viele der dort Lebenden nicht als etwas Unrechtes, sondern als ganz Selbstverständliches. Die Damaligen, auch die von einem Gottesglauben überzeugten, so auch die Juden mit ihrem Gott Jehova, sagten, dies habe ihnen dieser schon über einen seiner Propheten, genannt Moses, in seinem Heiligen Buch, der Thora, kundgetan. Es gebe Herren und Diener oder auch Sklaven. Die Frau sei ihrem Mann untertan. Damit musste es doch gerecht sein, so wie es nun war.

Andere Bewohner, die genügend Geld oder Vermögen hatten, um sich dadurch auch die Sklaven kaufen zu können, waren davon überzeugt, dass diese nicht, wie sie selbst, Menschen, sondern als ihre Arbeitstiere, so wie ein Stück Ware oder Werkzeug seien. Auch die Herrscher wollten ihre Macht nicht mit einem Gott als dessen Untergeordnete teilen. Da sie ja gegenüber dem Volk verkünden ließen, dass sie selbst erhaben, so wie Gottes Herrlichkeit an dessen Seite seien.

Dazu waren auch die befähigten Theoretiker, diese Philosophen, diese Schriftgelehrten, häufig in ihren Erkenntnissen überzeugt, es sei richtig, dass es nicht nur Herrscher und Beherrschte gebe, sondern unter diesen auch das Menschliche existiere. Ansonsten seien sie doch reine Arbeitswesen oder auch »Barbaren«, Rohlinge, die damit auch kein Recht hätten, wie die freien Bürger Roms als Menschen gleich behandelt zu werden.

Den damaligen Herrschenden waren diese weisen Aussagen sicherlich sehr genehm.

So dauerte auch die Verfolgung dieser christlichen Gemeinschaften mehrere Jahrhunderte an.

Religion-Staat und dessen Verständnis von Nächstenliebe

Bis dann der oströmische Kaiser Konstantin der Große[6] zirka 300 n. Chr. in dem damaligen Byzanz, heutigen Istanbul, überzeugt werden konnte und sogar Anhänger dieser Christen wurde. Von seinem Machteinfluss müsse er deswegen nichts einbüßen, so überzeugten ihn einige der Apostel, die meist auch weise religiöse Philosophen waren. Es sicherlich damit auch erreichen wollten, dass der christliche Glaube, seine Lehre, nicht wie angenommen im Gegensatz der sogenannten antiken Philosophie eine vielzählige, bigot-

---

[6] Konstantin, 312-337, Kaiser des oströmischen, byzantinischen Reichs. Das vorherige große Römische Reich zerfiel in zwei Gebiete. Westrom mit der Hauptstadt Rom und dem genannten oströmischen. Das erste wurde durch die Völkerwanderung germanischer und slawischer Völker vollkommen ausgelöscht. Das Zweitgenannte nun mit der Hauptstadt Konstantinopel bestand, bis es die Osmanen (Türken) im Jahr 1453 eroberten und den Stadtnamen in Istanbul umbenannten.

tische Verehrung sei. Mit einem einzigen Gott sei auch er als Weltlicher der einzig berufene Herrscher, Auserwählte Gottes.

Mit dieser Zustimmung des Kaisers nahm die grauenvolle Christenverfolgung ein Ende, der ja auch so maßgebende Apostel, wie Petrus und Paulus, zum Opfer gefallen waren. Beide hatte man in Rom hinrichten lassen. Unter dem heutigen Petersdom, dem Papstpalast, soll Petrus begraben worden sein.

Überzeugen mussten diese, genannt auch christlichen Apologeten, die Herrschenden aber auch, dass die von Jesus geforderte Gleichstellung aller Menschen sich nicht auf die bestehende Ausbeutung der Sklaven bezogen hatte. In ihren Aussagen entfernten sie sich davon, dass das Gelingen der geforderten Gleichstellung dieser Arbeitssklaven und anderer Ausgebeuteten nicht mehr in der religiösen Ausrichtung von maßgebender Bedeutung sei.

Vielmehr setzten sie Inhalte, dass Herrschaft und Ungleichheit gegenüber ihren gläubigen Untertanen etwas von Gott Gewolltes sei. Es beweise auch, dass es ein Oben und Unten allgemein gebe. Das sei überall festzustellen. Im Himmelreich, in der Natur, unter den Tieren, den Menschen. All dies werde so von dem Göttlichen bestimmt, gelenkt. So blieb es dann auch bei dem bestehenden System, dass der Herrscher ein von Gott Bestimmter, sein ausersehener göttlicher Bote oder sogar Gleichgestellter sei. Die anderen seine Untergeordneten.

Die christliche Lehre wurde somit eine stabilisierende Doktrin der Herrschaftssysteme, so steht es in vielen Geschichtsbüchern.

Auch konnte sich damit die Annahme wieder festigen, dass es Gottes Wille, Entscheidung sei, wer von den Menschen Herrscher, Mächtigster, Reicher, Habender, sogar Klügster werde. Auch dem entgegengesetzt, wer als Untertan, Sklave, später auch Leibeigener, sogar in Armut mit Krankheit geschlagen, auf der Erde sein Dasein zu ertragen hatte.

Nächstenliebe als barmherziges Almosen

Es kam aber auch die Vorstellung auf, hergeleitet aus Jesus' Bergpredigt, dass das Leben mit der Glaubenserfüllung der Barmherzigkeit gegenüber anderen erreicht werden könne. Vorbildlich dieser göttlichen Rücksichtsname gegenüber denjenigen, die an ihn glauben. Wer nun von Gott genügend bedacht worden sei, der solle doch dem Armen, dem Elenden etwas zukommen lassen. Ihm mit einem Almosen teilhaben lassen. Das habe Jesus in seiner Bergpredigt als Barmherzigkeit, Mitleiden verstanden und auch so verkündet, hieß es.

Als dieser nicht mehr real unter den Menschen Verweilende, aber doch als sich überall geistig Ausbreitender, dieses vernahm, wird er wohl in aller Traurigkeit eine Handvoll Sand über sein Haupt gestreut haben. Es muss wohl ein Symbol des Versagens dargestellt haben, dass seine Predigten, sein Aufrütteln, sich nicht so schnell erfüllten, eher wie Staub vom Winde davongetragen wurden. Es muss wohl noch eine weitere, lange Zeit folgen, damit man ihn vielleicht richtig annehmen werde, so meinte er, dieses in seinem Innern zu spüren.

Nun, mit dieser neuen Religion ließ sich nun vorzüglich herrschen!

Zwar kam es wegen der lebensverachtenden Behandlung von Gladiatoren, die zum Töten abgerichtet wurden, zu einem Aufstand, dem sich auch viele andere der Unterdrückten, der Ausgebeuteten, anschlossen. Dieser wurde aber dann doch niedergeschlagen. Deren Niederlage geschah auch wahrscheinlich deswegen, weil sie kein Konzept, keinen Plan, kein ideelles Ziel hatten, eine bessere Welt zu errichten, so wird es von einigen Geschichtsschreibern vermutet.

Jedenfalls orientierte man sich an diesem winzigen Überbleibsel der Nächstenliebe, der Almosengabe, um zu zeigen, dass man demutsvoll den auferlegten Geboten, von Gott so verlangt, folgte.

Etwa im vierten Jahrhundert nach der angenommenen Geburt Jesus wurden sogar die Gefolgsleute der Herrscher für ihr barmherziges Handeln, ein Almosen herzugeben, »heiliggesprochen«. Sowie auch der Bischof Martin[7], derselbe angeblich in eiskalter

---

[7] St. Martin; Bischof Martin von Tours/Frankreich, 316-397 n. Chr.

Jahreszeit an einem frierenden Bettler vorbeiritt, dessen Elend bemerkte, mit seinem Schwert ein Stück von seinem, ihn warmhaltenden Umhang abschnitt und fürsorgend diesem Frierenden das Stück Stoff zum Aufwärmen überreichte.

Das war ein Almosen in höchster Reinheit. Vorbild des Mitleids für seinen Nächsten. Gedacht an diese gute Tat wird auch heute noch, am 11. November, dem St. Martinstag.

Die bestehenden gesellschaftlichen Verhältnisse blieben lange Jahre weiterhin stabil. Wie wirkten sich diese in den Familienstrukturen aus?

Es war so in der Zeit des dreizehnten Jahrhunderts, als das Kaiserreich der Hohen-Staufer[8] immer mehr an Machteinfluss einbüßte.

Hier in diesen deutschen Landen waren es die Adligen, die Fürsten, später sich auch selbsterhaben betitelnd als Kurfürsten, die immer mehr an politischem Einfluss erringen konnten. Die erbliche Regelung der Kaisernachfolge wurde abgeschafft. Die mächtigsten Fürsten »kürten«, bestimmten nun, wer als König eingesetzt werden sollte. Daher stammt die Bezeichnung »Kurfürst«.

Doch auch die Städte wuchsen immer mehr heran.

---

[8] Das war ein schwäbisches Adelsgeschlecht, aus dem die mächtigen Kaiser wie Friedrich I. Barbarossa (1122-1190), Friedrich II. (1194-1250), Herrscher über das Heilige Römische Reich Deutscher Nation, hervorgingen.

Florierend durch die gestiegene Warenproduktion wurden die Kaufleute mit ihren Kontoren und auch deren Kreditgeber, die Geldbanken, immer einflussreicher. Dazu entfaltete sich zunehmend die Anzahl der handwerklichen, der textil- und nahrungserzeugenden Betriebe. Diese nun immer einflussreichere soziale Schicht nannte sich Stadtbürger. Deren Bezeichnung entstand dadurch, da sie um ihre Ansiedlungen, Städte, zum Schutz den Burgen ähnlich, stabile, hohe Mauern bauen ließen.

Auch die Anzahl meist geflüchteter Landbevölkerung nahm in den Städten zu. Sie erhielten aber nicht die gleichen Rechte wie die Bürger. Diese hatten ihre eigenen Vereine, Zünfte, Stadtversammlungen, und auch von ihnen bestimmten Ratsherrn.

So existierten wiederum in dieser Zeit unterschiedliche gesellschaftliche Schichten, aber auch diese Klassen.

Einmal die über allen herrschenden Adligen, weltlicher und kirchlicher Fürstenschicht. Diese erarbeiteten selbst nichts, sondern erhielten alles Notwendige durch die materiellen und auch steuerlichen Abgaben anderer, wie der Bauern, Landarbeiter, der Leibeigenen und auch der Handwerker.

Dann das Bürgertum, sich daseinserhaltend durch eigene erbrachte Arbeits- und Dienstleistungen.

Weiter, das Gros der nicht gleichberechtigten Landbewohner, den Leibeigenen und den städtischen Zugezogenen.

In den Herrscherfamilien waren die Frauen grundsätzlich ihren Männern untergeordnet. Doch es hatte sich die Gewohnheit, die feinere Hofsitte verbreitet, diesen wie »Edeldamen« zu begegnen. Sie durften nun an allen Hoffesten, Essgelagen, Turnieren teilnehmen und wurden von den Hofunterhaltern, genannt auch Minnesänger, in ihren Schönheiten lyrisch bedacht und würdevoll, edel dargestellt. Was die Frauen auch häufig durchführen mussten, war die Verwaltung des Hofstaates, wenn ihr Herr und Ehegatte mit seinem Heer in den Krieg gezogen war. Das kam sehr häufig vor. Nach der Geburt ihrer Kinder übernahmen meistens Dienerinnen, genannt Ammen, deren Versorgung und Fürsorge. Ungefähr im siebten Lebensjahr erhielten die Jungen einzeln einen männlichen Erzieher, Priester oder auch Scholastiker, die diese auf ihre spätere Rolle des Regierens zu erziehen hatten. Es gab aber auch schon für die jungen Männer Unterricht in einem Gymnasium und sogar an den neu entstandenen Universitäten. Die Mädchen wurden entweder von der Mutter oder den Dienerinnen auf ihre spätere Rolle als Hofdame, als Braut, als Gebärende des männlichen Erben unterwiesen. Aber auch zur Hausfrauenarbeit oder in der Muse, Lieder- und Dichtkunst.

In den Bürger- und Handwerkerfamilien erhielten die Frauen meist eine doch schon dem Manne gleichwertige Berechtigung. Sie hatten Weisungsrechte zur Erledigung der Geschäfte und der Werkstätten. Waren den Bediensteten und den Gesellen vorgesetzt. Doch ihre eigenen Kinder gaben sie nicht in fremde Obhut. Diese blieben bis zu ihrem Erwachsenenalter im Elternhaus. Die Jungen übernahmen meist den Beruf ihres Vaters. Die Mädchen, betreut von der Mutter, wurden auf ihr angehendes Eheleben vorbereitet. In reicheren dieser Familien gab es für die Kinder, doch meist für die Jungen, auch schon eine Unterrichtung durch private Scholastiker, Lehrer.

Doch unter der nicht gleichberechtigten Stadtbevölkerung und vor allem der hohen Anzahl der Landbevölkerung, der Leibeigenen, war deren Leben ausgefüllt durch schwere Arbeit, Demut vor dem weltlichen und göttlichen Herrn und häufig auch voll des Leidens und des Hungerns, Krankseins.

So mussten sie ja das hohe Ernte- und Abgabesoll gegenüber ihren Feudalherren erbringen. Fielen die Ernteerträge schlecht aus, dann konnten sie ihre Abgaben entsprechend nicht so ohne Weiteres reduzieren. Nein, ihr Soll musste erfüllt werden. Auch wenn ihnen und den Familien selbst nur wenig zum Leben übrigblieb. Wer dem nicht nachkam, dem drohte eine Bestrafung. Auch die Kirche verlangte deren Abgabe, genannt den Zehnten.

Die ganze Familie wurde zur Erledigung der vorwiegend körperlich schweren Arbeiten mit herangezogen. Auch schon die Kinder ab einem bestimmten Alter. Die Frauen, wenn sie zu ihrer Niederkunft kamen, blieben nur kurzzeitig zuhause. Dann ging es wieder weiter, ihre Hof- und Erntedienste erfüllend. Die Neugeborenen wurden meist von den Großeltern oder auch der ältesten Tochter versorgt. Die damalige Kindersterblichkeit in diesen sozialen Unterschichten war sehr hoch. So wird berichtet, dass von zehn Geborenen meist nur eines davon das fünfte Lebensjahr erreichte. Vor allem die durch Bakterien oder Viren verursachten, meist tödlich endenden Krankheiten waren sehr stark verbreitet. In den Wintermonaten mussten, um davor geschützt zu sein, die Kinder vollständig in den Wohnbehausungen bleiben. Die Fenster wurden mit Fellen und Pechbrei abgedichtet. Es konnte somit kein Tageslicht in die Stuben gelangen. Die Winter dauerten lange und waren meist sehr kalt.

Eine Bildungsmöglichkeit dieser Kinder war vollkommen unbekannt. Die Jungen halfen meist mit bei der Feldarbeit. Die Mädchen wurden von ihren Müttern auf ihre kommenden Magd-, Haushalts- und Mutterpflichten erzogen.

Auch wer im Erwachsenenalter sich verehelichen wollte, musste die Einwilligung des Herrscherbüttels erst einholen. Der Aufenthaltsort durfte nicht frei entscheidend gewechselt werden. Vielen dieser Bewohner blieb wegen der hohen Strapazen, die sie zu erdulden hatten, dann meist nur noch die Flucht in die Städte. Wenn ihnen das nicht gelang, dann schlossen sie sich auch den in der Umgebung hausenden Banden an. Beteiligten sich an den Überfällen, dem Ausrauben von Reisenden oder auch Wandernden.

Im Gegensatz dazu wurde eine vorbildliche Tätigkeit als Glaubensinhalt mit der dann so benannten Fürsorge, Wohlfahrt, in den christlichen Einrichtungen, den Klöstern, den Hospizen, Armen- und Krankenhäusern von aufrichtigen Gläubigen auch weiterhin vorgenommen. Bezeichnet als Barmherzigkeit. Ihr Handeln sollte gleich der Verwirklichung dieser Nächstenliebe sein, wie sie Jesus verkündet hatte. So war es ihr Bemühen, sich gottgefällig den anderen darzutun und ohne Eigennutz zu helfen, um auch nach dem Leben vom himmlischen Vater in das Paradies aufgenommen zu werden.

Der Beginn der Fürsorge durch Wohlfahrt

In der gesellschaftlichen Entwicklung, dank genialer Erfindungen und deren Verwendungen, konnten immer mehr und besser Gebrauchsgegenstände und Waren produziert werden. Es entstanden die sogenannten Manufakturen. Somit erhöhte sich perspektivisch auch der Lebensstandard, doch meist überwiegend für die gehobenen sozialen Schichten. Aber das weitverbreitete Elend der meisten Menschen wurde damit nicht eingedämmt. Herrscher mit Untertanen, Kriege, Töten, Knechtschaft, Ausbeutung, Armut und Krankheiten blieben weiterhin existent.

Doch die Menschen, die in sich die Sehnsucht trugen, dieses zu verändern, wurden zahlenmäßig immer mehr. In Friedenszeiten forderten sie nicht nur, sondern handelten hilfsbereit, andere zu versorgen, zu heilen, zu pflegen. Richteten dazu auch Unterkünfte, sogenannte Armenhäuser, Hospize oder Hospitäler ein. Meistens waren es Nonnen oder heilkundige Frauen und Männer, die ihr Mitgefühl in die Tat umsetzten, Hilfebedürftige verpflegten und eine vorübergehende Bleibe für diese bereitstellten. Auch aus dem aufkommenden Medizinerstand, so wurde berichtet, waren immer wieder deren Ärzte zur Behandlung dieser Patienten, wie die Kranken genannt wurden, bereit. Ebenfalls die sogenannten Beginen, das waren meist entflohene Nonnen oder Frauen, die nicht verheiratet werden wollten, gründeten eigene Einrichtungen. Lebten dort, erfüllend sich barmherzig zeigend. Nahmen Kranke, Obdachlose auf, pflegten und versorgten diese. Vor allem kümmerten sie sich sehr um alleinstehende oder verlassene Mütter mit ihren Kindern. Ein damals, so Anfang des 12. Jahrhunderts, residierendes Oberhaupt der Christenkirche, der Papst in Rom, Eugen III., erhielt davon auch Kenntnis. Zur Überraschung aller seiner Gefolgsleute befürwortete er, dass diese Heilkunst der Kräuterfrauen und auch der Medizinmänner nicht verboten wurde. Verwundernd deswegen, weil er ansonsten ein dogmatisch konsequenter Vertreter der Bibelauslegung war. Er erließ ausdrücklich bejahend eine schriftliche Botschaft dazu.

Das ermunterte sogar zeitlich etwas später eine

Äbtissin, Hildegard von Bingen[9], weiter ihre Kenntnisse in der Krankenbehandlung mit Heilkräutern fortsetzen zu dürfen und nicht, wie meist, als Hexe auf dem Scheiterhaufen ihr Leben beenden zu müssen. Doch ein nachfolgender Papst widerrief dies alles, da er in den heilkundigen Frauen vor allem eine Mitverschwörung des Satans gegen Gott und das Kirchendogma annahm. Es setzte die Zeitspanne der gerichtlichen Inquisition mit deren Verhörmethode unter Folteranwendung ein.

Nicht nur diese Frauen, auch andere, die durch Forschungen exakte Erkenntnisse, Wissen über die Abläufe in der Natur, in kausaler Methodik, ein säkulares Weltbild verbreiteten, mussten meist einen qualvollen Feuertod erleiden.

Doch der Kampf des Gegensätzlichen pflanzte sich weiter fort. Auch mit der Annahme und Überzeugung dessen, was dieser Jesus wie ein Fanal, ein nicht zu löschendes Feuer in die Welt gesetzt hatte. Seine Botschaft lautete ja, mit dem Glauben an einen Gott, der Hoffnung an etwas Besseres und der Nächstenliebe

---

[9] Hildegard von Bingen, Klosteräbtissin (1089-1179), schon als Kind von einem Kloster eingekauft. Wurde dann als Gebot ihrer Keuschheit mit einer anderen Nonne eingemauert. Später erwarb sie hohe Kenntnisse in der Heilkunde mit Naturprodukten. Erhielt sogar vom Papst zugesprochen ein eigenes Kloster, Rupertsberg bei Bingen a. Rhein. Auch das von damals erhalten gebliebene, sehr wegweisende Buch über die Kräuterheilkunde soll von ihr verfasst worden sein. Es heißt: Physika. S. Hildegardis.

hier auf Erden ein so gottgefälliges Dasein erreichen zu können.

Die weltlichen Herrscher, in Verbindung mit der katholischen Kirche, beuteten aber weiterhin ihre gläubigen Untertanen aus.

Die Bauern und ihr Gottesglaube

Doch es kam immer wieder zu Protesten und Aufständen. Bis hin zu einem gewaltigen Aufstand der Landbevölkerung, der damaligen Leibeigenen und Bauern, die meistens unter diesen Machtverhältnissen ein schweres Los zu tragen hatten. Sie hatten weder menschliche Würde noch persönliche Rechte und waren vom Dasein eines Miteinanders, einer möglichen Nächstenliebe, vollkommen entfremdet worden.

Die Kluft zwischen den Armen und Reichen wurde dazu immer krasser. Dadurch auch weiter sich auftuend, dass es in den Städten einigen gelungen war, durch den florierenden Handel, durch die immer weiter anwachsenden Manufakturen und auch als Bergwerkseigentümer immensen Reichtum zu horten. Man nannte sie die Patrizier, aus dem Lateinischen stammend »die Wohlhabenden«.

Vor allem in dem Königreich Böhmen, so in Prag, waren diese sozialen Ungleichheiten sehr ausgeprägt. Die meisten der Arbeitenden mit ihren Angehörigen mussten für eine geringe Entlohnung ihr Leben fristen. Auch der Landbevölkerung ging es sehr schlecht. Es kam immer wieder durch diese Verhältnisse zu Protesthandlungen dieser Verarmten, dieser Rechtlosen.

Rechtfertigend, zu ihrer Befreiung auch Gewalt anzuwenden, sogar mit Waffen, bezogen sie sich immer wieder auf das, was in der Bibel geschrieben stand. Vor allem, was dieser Jesus, ihr Heiland gepredigt hatte. Sie fanden damit auch den Zuspruch durch einen katholischen Priester und Prediger. Genannt Jan Hus[10]. Er wurde ihr Wortführer, Anführer, aufrufend zur Errichtung einer gerechten Welt in Gottes Wohlergehen. Vor allem sollte die krasse Ungleichheit zwischen den Menschen verschwinden. Er predigte, rief zum bewaffneten Befreiungskrieg auf. Seine Anhänger scharten sich in immer höherer Zahl um ihn, vor allem in der Umgebung von Prag. Es waren nicht nur die verarmten Bauern, Leibeigenen und armen Handwerksgesellen, Tagelöhner. Es kamen auch immer mehr der verarmten Adligen, viele Söldner und sogar auch kirchlichen Priester hinzu. Es konnte eine

---

[10] Jan Hus, 1370-1415, Universitätslehrer, Prediger in Prag, wurde als Ketzer hingerichtet. Nach einem Konzil in Konstanz, auf das man ihn einlud mit dem Versprechen, dass ihm nichts geschehen werde, verhaftete man ihn wegen Verbreitung falscher Lehren, verurteilte ihn zum Tode und ließ ihn auf dem Scheiterhaufen verbrennen. Alles geschickt eingefädelt von dem damals residierenden Papst. (Lit. vgl. Lehrbuch der Geschichte, Bd. 6, S. 137 f.; VVB-Berlin-DDR, 1972)

schlagkräftige Armee aufgestellt und dadurch auch viele Feldzüge gegen die königlich-päpstlichen Heere gewonnen werden. Es sah wie ein Siegeszug aus. Endete aber doch letztendlich in einem Untergang, da man sich nach dem Tode von J. Hus untereinander nicht einig werden konnte.[11]

Doch der Widerstand der Menschen, Bauern, Leibeigenen, Tagelöhner und anderen, verebbte dadurch nicht. Ihr Aufschrei schwoll noch aufbrausender weiter fort: »Als Adam grub und Eva spann, wo war denn da der Edelmann?«, so verbreitete es sich als Fanal fast überall hin. Nur Mann und Frau, jedoch keine Herren, waren Gottes Schöpfung, wurde damit versinnbildlicht. So vollzog sich der Widerstand, genannt Bauernaufstand, fast ein Jahrhundert weiter fort. Ein anderer Priester nahm sich dann dem Elend, dem Verlangen nach einem besseren Dasein der Ausgebeuteten an. Erfahren im Kampf gegen die Unterdrücker, predigte er nicht nur. Er wusste auch, dass man, um zu siegen, eine Armee, gut mit Waffen ausgerüstet, dazu benötigte. Seine Heerscharen gewannen einige der Schlachten gegen die Herrschenden. Doch letzten Endes, da man sich wiederum unterei-

---

[11] Hier zu nennen ist die Gruppe des tschechischen Bürgertums, Vertreter des Adels und auch Gelehrte der Universität Prag, die einen versöhnenden Weg mit dem König, jetzt auch Kaiser, und dem Papst einschlugen. Diese waren durch den beschlagnahmten Kirchenbesitz und auch der Aneignung des Besitzes der vertriebenen Patrizier wohlhabend geworden. (Lit. vgl. ders. S. 141 ff.).

nander nicht einig war, wie berichtet wurde, ging eine Entscheidungsschlacht bei Mühlhausen (Thüringen) verloren. Die Sieger nahmen grauenvoll Rache. Töteten zu Tausenden die meisten der Aufständischen. Ihr Führer wurde gefangengenommen und 1525, nach qualvoller Folterung enthauptet.[12]

Martin Luther, zur selben Zeit sehnsuchtsvoll von den Aufständischen angefleht, ihr revolutionärer Führer zu sein, wandte sich dann doch von diesen ab. Obwohl er vorher in seinem Verhör gegenüber den päpstlichen Abgesandten, dem Reichstag in Worms im Jahr 1521, standhaft keines seiner »ketzerischen Thesen« zurücknahm. Überliefert und berühmt wurde seine Antwort: »Hier stehe ich. Ich kann nicht anders. Gott helfe mir.« Er kreidete aber den Aufständischen vor allem ihre kriegerischen, zerstörenden, tötenden Brandschatzungen an. Berief sich auf die Worte von Jesus: »Gebt dem Kaiser, was des Kaisers ist und Gott, was Gottes ist.« Befürwortete sogar, dass die Herrschenden diese »marodierenden Bauernhorden«, wie er sie bezeichnete, mit allen Mitteln bekämpfen und sie mit Gottes gerechter Strafe töten sollten. Das gelang dann auch. Der Aufstand wurde

---

[12] Es war Thomas Münzer, 1489-1525, ein protestantischer Theologe und überzeugter Anhänger von M. Luthers reformierter Glaubensdoktrin, den 95 Thesen gegen den päpstlichen Ablasshandel (Lit. vgl. »Die Deutschen«, G. Knopp u. a., S. 165 ff.; Bertelsmann Vlg., 2010).

niedergeschlagen und hinterließ viele Tausende Todesopfer.

Dieser Priester, Martin Luther[13], erreichte es aber, dass die katholischen Glaubenssätze, Dogmatik, reformiert wurden. Es bildete sich eine weitere Glaubensrichtung, die Protestantisch-Evangelische Kirche, daraus. Um diese für alle verständlicher zu machen, übersetzte er die lateinisch verfasste Bibel ins Deutsche. Denn bis dahin predigten die katholischen Priester nur in Latein.

Doch mit der Anwendung seiner nun reformierten christlichen Glaubenslehre wurde die Verknüpfung von Herrscher, Staat und Kirche noch enger gezogen. Herrscher und Glaube seien gottgewolltes Gebot. Was man in seiner Glaubensfindung brauche, das erhalte man nicht mehr über die Vermittlung eines Kirchenvertreters, wie den Priester oder Papst. Das erreiche man in seiner eigenen Überzeugung zu seinem Gottvater in einem von ihm so verlangtem Erdendasein.

---

[13] Martin Luther, 1483-1546, Augustinermönch-Prediger, Begründer der evangelischen Kirche. Reformierte die römisch-katholische Dogmatik. Gott habe einen dann schon angenommen, wenn man ein gläubiges Leben der Friedfertigkeit, des Fleißes, der Demut führt. Dazu benötigt man nicht den päpstlichen Segen oder die Fürbitte eines Priesters. Er kritisierte sehr den päpstlichen Ablasshandel, der lautete: »Sobald das Geld im Kasten klingt, die Seele vom Fegefeuer in den Himmel springt.« (Lit. vgl. Lehrbuch der Geschichte, Bd. 6, S. 176 ff., VVB-Berlin-DDR, 1972)

Revolution und Vernunft zur Gerechtigkeit

Es wurde aber vermehrt durch die aufkommenden philosophischen Lehren darauf verwiesen, dass der Herrscher, Kaiser, König, auch mit den erkannten Prinzipien einer vernunftbetonten Gerechtigkeit regieren sollte. Diese Theorie nannte man Rationalismus. Es ist eine erkenntnistheoretische Richtung, die davon ausgeht, dass nur durch das Denken, die Vernunft, die Wahrheit zu finden sei, so beschrieben es mehrere ihrer Vertreter.

Dann schafften die Menschen im Nachbarland Frankreich mit einer Revolution doch die Ablösung dieser feudalen Monarchie. Der Gegensatz zwischen dieser herrschenden Klasse und der ausgebeuteten, den Bauern, Handwerkern, Handels- und Industrietreibenden, hatte sich unüberwindbar zugespitzt. Diese errichteten nach aufopferungsvollen Kämpfen ein zeitlich angemessenes wirtschaftlich-politisches System mit einem demokratisch gewählten Parlament. So wurde es von Karl Marx und Friedrich Engels dargestellt. Auch wurde eine strikte Trennung von Staat und Kirche eingeführt. Genannt auch Laizismus. Es sollten nun für alle die Grundsätze der Freiheit, Gleichheit, Brüderlichkeit gelten.

Die vorherigen Zustände der dortigen Familien, vor allem unter den Bauern und der Landbevölkerung, müssen schrecklich gewesen sein.

Von den damals 25 Millionen Menschen gehörten

20 Millionen dieser sozialen Unterschicht an. Die Wohnverhältnisse der Bauern und Landarbeiter müssen erbärmlich gewesen sein. Es waren meist strohbedeckte Lehmhütten. In einem einzigen Raum hauste die gesamte Familie. Die Fenster waren im Sommer offen. Glasfenster gab es zu der Zeit für deren Behausungen noch nicht. In den Wintermonaten, schützend vor der Kälte, hängte man diese mit Tierhäuten zu. Die Haustiere waren in einem engen Stall untergebracht. Die Menschen hatten meist nur ein Kleidungsstück. Die benagelten Schuhe mussten das ganze, meist kurze, Leben ausreichen. An Nahrungsmitteln gab es, sehr selten mal mit Fleisch vermischt, immer Getreidesuppen und Hafer- oder Roggenbrot dazu. »Das trocken Brot hält Wangen rot«, so hieß es sarkastisch im Volksmund.

Die Felder, welche sie bewirtschaften, gehörten meist dem Feudalstaat oder der Kirche. Als deren Verpächter an die Bauern wurde von jenen eine hohe Gebühr verlangt. Auch von den Ernteerträgen musste ein hoher Anteil, meist ein Viertel, an die Herrschenden abgegeben werden. Die Kirche verlangte noch dazu den »Zehnt« an Abgaben.

Dann, nach einem sehr kalten Winter, in dem sehr viele der Armen vor Hunger gestorben waren, brach der Aufstand des Volkes los. Vor allem waren es Frauen, die sich an den immer größer werdenden Protesten beteiligten. Man nannte sie Emanzen. Daraus entwickelte sich dann in späterer Zeit die erdumspannende Frauenbewegung mit dem Ziel ihrer Gleichberechtigung.[14]

Der Sieg dieser Revolution war so bedeutend, dass er sogar auch in den Nachbarländern seine Auswirkungen zeigte.

Hier in Deutschland konnte aber die Revolution den Sieg nicht für sich verbuchen. Die Monarchie, in Verflechtung mit den beiden Glaubensrichtungen, vor allem mit der reformierten evangelischen Kirche, blieb weiterbestehen. Doch immerhin, einige Zeit vorher, Mitte des 18. Jahrhunderts, war der herrschende König von Preußen, Friedrich II.[15], diesen Vernunfttheorien nicht abgeneigt. Er lud sogar den französischen Philosophen Voltaire, der Bedeutendes über die von Jesus gepredigte Nächstenliebe geschrieben hatte, zu sich ein. Dieser Monarch wollte in seinem Sinne ein von der Vernunft betonter Herrscher sein. Er berücksichtigte dabei auch die Lebensweise seiner Untertanen und versuchte, deren Armut und Hunger einzudämmen. Bestimmt lag es in seinem Machtinteresse,

---

[14] Die Französische Revolution begann am 14.07.1789 mit der Erstürmung der Bastille (Staatsgefängnis) durch die aufständische Bevölkerung und endete im Dezember 1799 siegreich. Die Monarchie wurde abgeschafft. Der König, Ludwig XVI., und seine Ehegattin endeten unter der Guillotine.
[15] Friedrich II., Friedrich der Große, 1712-1786, König von Preußen. Errichtete eine Großmacht. War der damaligen Vernunfttheorie (Rationalismus) doch mehr zur Optimierung seiner Machausübung zugeneigt.

durch die ausreichende Ernährung seines Volkes kräftige Soldaten in höherer Anzahl heranzuzüchten. Den von dem Philosophen I. Kant[16] entwickelten Vernunftgrundsätzen, dem kategorischen Imperativ, war er nicht abgeneigt. Der in diesem Land wirkende Philosoph hatte in einem Satz geprägt, dass man so handeln solle, »dass die Maxime seines Willens jederzeit zugleich als Prinzip einer allgemeinen Gesetzgebung gelten sollte«.

Somit konnte ja auch das Ideal, für den anderen da zu sein, von diesem König oder auch von seinem Nachfolger in seinen Grundlagen teilweise nachvollzogen werden. So wurde festgelegt, dass keiner mehr an Hunger sterben müsse. Jeder sollte eine schulische Bildung erhalten. Aber auch die Versorgung von Kranken in den Hospitälern wurde gefördert. Immerhin gab es somit Herrscher, die aufmerksam wurden, dass es so etwas wie Not und Armut, Krankheit unter den Menschen gibt. Denen man auch helfen sollte. Dass der Staat diese Unterstützung erbringen sollte, wurde aber zu diesem Zeitpunkt noch nicht durch ein Gesetz festgelegt. Dies war mit dem monarchischen Herrschaftssystem noch nicht erreichbar.

---

[16] Immanuel Kant, 1724-1804, bedeutender Philosoph. Rational-idealistische Theorie. Entwickelte eine Tugendlehre. Machte aber auch die Aussage, dass für die Menschen das absolut Wahre, das Apriorische, nicht erkennbar sei. Was mit den Sinnen erkennbar ist, sei immer relativ.

Doch eins blieb, das war das Bestreben nach Machterfüllung, der Aufrüstung einer mächtigen Armee und auch, mit dieser Kriege zu führen. Diese dauerten fast ein ganzes Jahrzehnt an und brachten dem König eine enorme Erweiterung seines Machtbereichs ein, aber auch viel Elend unter der Bevölkerung.

Eine staatliche Hilfe für Menschen, die in Not geraten waren, entstand dann doch einige Jahre später. Das war so 1842, als Preußen ein militaristisches Großreich geworden war. Das Gesetz hieß »Preußisches Armenpflegegesetz«. Es galt aber nicht zentral im gesamten Staatsgebiet. Die einzelnen Provinzen konnten über dessen Anwendung selbst entscheiden. Somit kam es recht selten zur Anwendung, um Hilfe zu leisten.

Anteilnahme mit den Notleidenden

Die Praktizierung von Hilfe für Notleidende wurde weiterhin vorwiegend von den religiösen Einrichtungen und auch Gruppierungen geleistet.

So zu handeln, griff auch ein sehr fortschrittlich eingestellter Papst, Leo XII., genannt auch Arbeiter-Abba, Ende des 19. Jahrhunderts auf. Auch war er sicher stark beeindruckt von der aufkommenden großen Arbeiterbewegung, die sich durch die immer höhere Entwicklung der Industrieproduktion vollzog.

Mit der Erfindung von dampfgetriebenen und etwas später der elektromagnetischen Technik begann die sogenannte industrielle Revolution. Auch gab es Philosophen, die diese Entwicklung analysierten und zu dem Ergebnis kamen, dass sich dadurch eine gesellschaftliche Umwälzung, eine Revolution geführt von der Arbeiterklasse, vollziehen werde. Federführend in diesen Erkenntnissen waren K. Marx und F. Engels, die schon oben erwähnt wurden. Mit den Inhalten einer christlichen Soziallehre griff dieser Papst gleichzeitig deren Grundsätze auf, die Notlage anderer ebenso von staatlicher Seite zu berücksichtigen, sogar zu beheben. Bezeichnet auch mit dem Begriff der Subsidiarität, Nachrangigkeit; einer öffentlichen Hilfe zur möglichen Selbsthilfe. Er befürwortete zwar weiterhin die Almosengabe. Doch erhöhte er deren Empfänger zu gleichwertigen Nächsten, die man unterstützen und mit denen man sich solidarisch verbunden verhalten solle. Auf dass sie dann eigenständig die Möglichkeit ihrer Entfaltung entdeckten.

Der Begriff des Solidarischen wurde in allen sozialen Bewegungen als ein Fanal hervorgehoben. Dieser Papst schloss sich aber nicht den Theorien und der politischen Arbeiterbewegung an. Doch immerhin erkannte er den Zusammenhang der Botschaft von Jesus mit den nun entstandenen Forderungen der Arbeiter. Das war ein sehr wichtiges Signal, da die katholische Kirche unter den Menschen großen Einfluss besaß. Aus diesen bildeten sich dann fortsetzend die gewerkschaftlichen Vereine und sogar eine große Partei der Werktätigen, die Sozialistische Arbeiterpartei, gegründet 1875.

So sollten dann auch diese Grundsätze der Solidarität und Subsidiarität, vor allem in den katholischen Einrichtungen, wie Armenhäusern, Volksküchen, Hospitälern, Sozialdiensten, parallel dazu umgesetzt werden. Diesen letzteren gab man den lateinischen Namen »Caritas«. Auf Deutsch übersetzt »Mildtätigkeit«, auch als Nächstenliebe bezeichnet.

Wie waren nun die Zustände in den Familien der Arbeiterklasse, der unteren sozialen Schichten?

Die Industrieproduktion nahm Mitte des 19. Jahrhunderts immer mehr zu. Die Fabriken wuchsen weiter. Es wurden dazu auch in Massen zusätzliche Arbeitskräfte benötigt. Große Scharen der Landbevölkerung verließen ihre angestammten Wohnstätten. Aus den östlichen Landesteilen Preußen, Oberschlesien, aus Polen und den baltischen Ländern kamen sehr viele, um Arbeit in den Stahl- und Maschinenfabriken sowie in den Bergwerken zu finden. Die Bevölkerungszahl in den Städten nahm erheblich zu. In diesen Erscheinungen auch als Urbanisierung bezeichnet.

Es mussten, um all diese Menschen unterzubringen, in kürzester Zeit riesige Wohnsiedlungen für die Familien gebaut werden. Dieses geschah in einfachster Bauweise, genannt auch Mietskasernen mit bis zu sechs Stockwerken hoch und einem Innenhof, der kaum das Tageslicht hereinließ. So bewohnten meist Familien mit hoher Kinderzahl ein bis zwei Zimmer, ohne Küche, ohne sanitäre Anlagen. Die gemeinsame Toilette befand sich im Treppenhaus. Das Wasser musste in Eimern aus einem Straßenbrunnen geholt werden. Die Männer und ihre arbeitsfähigen Söhne, sogar auch die Mädchen, waren durchweg von montags bis samstags täglich 12 Stunden an ihren Arbeitsplätzen. Die Kinderbeschäftigung war sehr verbreitet, da sie sich hervorragend zum Bedienen der Automaten, der Webstühle und den niedrigen Bergwerksstollen eignete.

Die Frauen traf es sehr schwer. Sie mussten die Nahrungsmittel kaufen, kochen und den Haushalt erledigen. Dazu ihre Kinderschar betreuen. Die Arbeitstage begannen sehr früh. Meist ab 5 Uhr. Häufig nahmen sie auch noch, zur besseren Versorgung ihrer Familie, eine Beschäftigung als Haushaltshilfen oder Putzfrauen auf. Zur Ruhe begab man sich so um Mitternacht. Viele Frauen waren schwanger. Die gesamte Familie schlief in einem Raum. Die Kinder hielten sich tagsüber meist, wenn das Wetter es zuließ, in den grauen, feuchten, wenig Sonnenlicht einlassenden Innenhöfen auf. Oftmals wurden sie dadurch schwer krank. Hatten Tuberkulose oder Rachitis. Ein berühmter Zeichner, Heinrich Zille, 1858-1929, malte prägend dazu eine Karikatur, eine Kindergruppe darstellend, wo ein Mädchen damit prahlte, dass sie sogar in roter Farbe spucken könne. Es gab ansonsten noch keine

Tageseinrichtungen für diese. Eine vierjährige Schulpflicht in einer Volksschule bestand aber schon. In zahlenmäßig großen Klassen, meist mit einem strengen Lehrer, erhielten sie dort eine Unterrichtung.

Viele der Kinder überlebten diese Zustände aber nicht. Vor allem starben sie an Bakterien- oder Vireninfektionen. Auch die Lebenserwartung der Erwachsenen war meist nicht sehr hoch.

In den gehobenen sozialen Schichten, wie Handwerker, Beamte, Akademiker, Firmenbesitzer, Kaufleute, war das Dasein doch um einiges besser.

Es gab dort auch viele, meist Frauen, die ein Mitgefühl für die Armen hatten. Sie halfen in den Wohlfahrtseinrichtungen mit, meist bei der katholischen Caritas, und beköstigten die Bedürftigen oder pflegten sogar die Kranken.

Mit dem zunehmenden Einfluss der Arbeiterpartei wurden die ersten Gesetze zur Absicherung der Werktätigen in Notsituationen erlassen. So konnten diese bei Arbeitsplatzverlust von den Ämtern Gutscheine für Essen, Brennmaterial und Textilien erhalten. Es waren aber meist unterwürfige, reinste Bittgesuche.

Von kirchlich-evangelischer Seite gingen dahingehend nur sehr wenige dieser so sozialwirksamen Impulse aus. Vielmehr waren die dort Maßgebenden mehr der Überzeugung, dass ein vernünftig regierender Herrscher, in seiner danach ausgerichteten Politik, von staatlicher Seite den Hilfsbedürftigen stützend auch Hilfe leisten müsste. Dies solle mehr vom Staat auf gesetzlicher Ebene geschehen. Eingebettet aber dieses in seinem gottgefälligen, menschlichen Lebensverlauf. In Demut immer seinen Pflichten, seine Arbeitsleistungen nachzukommen. So hatte es vorbildlich M. Luther in Abwendung der Katholischen Lehrmeinung gepredigt. Nicht ein sündenvolles Leben mit der Möglichkeit der Abbitte, Beichte, durch einen Priester war entscheidend, sondern das arbeitsame, gottgefällige Leben. Diese Erkenntnis wurde hergeleitet aus dem Bibeltext, dass der Mensch im Schweiße seines Angesichtes seinen Acker bestellen, somit arbeiten solle. So werde ihm Gott auch gnädig sein. In der sogenannten calvinistischen, aber auch der pietistischen Religionsdogmatik kam das sehr zum Ausdruck. Beides sind Abzweigungen der lutherischen Bibelauslegung. Der Satz »Schaff erst was, dann bist du was!« war sehr verbreitet.

Zu späterer Zeit formulierte dann treffend ein Wissenschaftler, Max Weber[17], damit seine Theorie, dass der protestantische Glaube vollkommen dazu geeignet gewesen sei, das gegenwärtige »kapitalistische Wirtschaftssystem«, wie er es nannte, in einer »materialen Rationalität« so rasant voranzubringen.

---

[17] Max Weber, 1864-1920, Soziologe, Konzept des rationalen Wirtschaftssystems. Ziel soll es sein, effektive Wege zu finden, um menschliche Zwecke vernunftbetont zu erfüllen. Vor allem mit einem Optimum des Einzelerfolges.

Arbeit und soziale Absicherung

Dass die meisten Menschen den Drang hatten, wirklich arbeiten zu wollen, begreifend kreativ zu sein, erkannte man immer mehr. Doch es gab ein großes Hindernis. In den sogenannten Wirtschaftskrisen, wenn die Unternehmen ihre Waren nicht mehr gewinnbringend vermarkten konnten, wurden die meisten Arbeitenden entlassen. Sie bekamen nun keine Entlohnung, keine finanzielle Unterstützung. Mussten dann mit ihren Familienangehörigen meist in Armut dahinvegetieren. Viele gingen daran elend zugrunde. Es herrschte eine Massenarbeitslosigkeit.

Die beiden Kirchen, aber auch schon aus den Arbeitervereinen entstandenen Sozialdienste, boten dann den unzählig Hungernden in den Armenküchen zum Überleben eine etwas sattmachende »Mahl-Zeit« an.

Das Wort sollte an das letzte »Abend-Mahl« von Jesus mit seinen Jüngern an Karfreitag erinnern. Das war nun der begrenzte Rahmen der Hilfestellung, den die sozialen Dienste den verarmten Menschen zu bieten hatten.

Doch immerhin, nachahmend der katholischen Sozialdienste, der Caritas (lateinisch für Nächstenliebe), gab es nun gleichbedeutend ein Diakonisches Werk (griechisch gleich Nächstenliebe) und die profane Arbeiterwohlfahrt mit den dann noch gegründeten paritätischen Wohlfahrtsverbänden, welche durch human ausgerichtete, meist wohlhabende Bürgergruppen entstanden waren.

Doch diese Arbeiterpartei, bezeichnet nun als Sozialdemokratische Partei, wuchs immer mehr in ihrer Mitgliederzahl. Erhielt sogar in der ersten Parlamentswahl, dem Reichstag, die meisten Wählerstimmen. Konnte sich aber, wegen des sogenannten Ständegesetzes, das die Bürger repräsentierenden Parteien in der Stimmenverteilung privilegierte, nur von zwei ihrer gewählten Abgeordneten vertreten lassen. Das war im Jahre 1876.

Die Furcht bei den Herrschern, dem damaligen Kaiser Wilhelm I. und seinem Regierungsstab, wurde immer größer, dass seine Macht womöglich durch die Unruhen der Arbeiter ein Ende finden könnte.

Geschickt vorgehend, wurde kurzerhand diese Arbeiterpartei verboten. Es durften auch keine Zusammenkünfte, Versammlungen mehr abgehalten werden.

In der Vorahnung, dass dieses zu einem Aufstand, sogar zu einer Revolution umschlagen könnte, beschloss man, auch ausgedacht von dem geschickt vorgehenden, in Machtangelegenheiten sehr erfahrenen, deswegen auch »eiserner« Reichskanzler bezeichneten Otto von Bismarck, die sogenannten Sozialistengesetze.

Das war die Beschlussfassung von Sozialgesetzen, wie die Absicherung im Alter durch eine Rente, genannt auch RVO, die Arztbehandlung im Krankheitsfall, KVG, und bei Arbeitsunfällen die Hilfe durch eine Unfallrente, der Berufs-/Erwerbs-/Unfähigkeitsrente. Gleichzeitig wurden aber auch die Arbeiterpartei, ihre Vereinigungen und sogar deren Versammlungsverbot gesetzlich festgelegt. Damit wollte man möglichst die hohe vorhandene Staatsverdrossenheit besänftigen sowie auch aufzeigen, dass die Bewohner keine Zusammenschlüsse benötigten, da die Staatsregierung auch nach Vernunftregeln entscheide und handele. Doch man ahnte damals noch nicht, hatte auch nicht die Absicht, dass dieses mit ein gelungener Anfang war, anderen durch staatliche, soziale Gesetzverordnungen, wenn es dazu bedurfte, eine ausgleichende Hilfe leisten zu können. Es brauchte aber noch einige Generationen, bis dieses dann auch grund- und verfassungsmäßig verankert werden konnte.

Ein Stück der Nächstenliebe wurde damit realisiert. Bestimmt hätte dieser Jesus dies vorahnend als zukunftsweisend aufgenommen.

Das bestehende Herrschaftssystem war weiter nach Machtentfaltung gierig und löste einige Jahre später sogar ein furchtbares Gemetzel unter den Völkern aus, den 1. Weltkrieg in der Zeit von 1914-1918.

Als man einsehen musste, dass dieser Krieg nicht zu gewinnen war, so Mitte 1917, brachten die meisten der deutschen Bevölkerung den Regierenden, vor allem ihrem Kaiser, große wohlwollende Hochachtung entgegen. Sogar die damals wieder geduldete Arbeiterpartei stimmte dafür, die bei der Reichstagswahl die meisten Wählerstimmen erhalten hatte. So erhielt der Staat zur Finanzierung der Kriegswaffenproduktion von den Banken einen hohen Geldkredit. Dieser konnte sogar auf einer Massenversammlung kundtun, dass er keine Parteien mehr kenne, sondern nur sein einig fühlendes deutsches Volk. Doch der Krieg ging verloren, mit der Folge, dass wieder unzählige der Menschen in Not gerieten und in Elend und Hunger leben mussten, wobei auch viele starben. Es dauerte einige Jahre, bis es dann doch erreicht wurde, dass die Industrieproduktion und die Warenwirtschaft wieder florierten, aufblühten. Das Massenelend, die -armut, wurde eingedämmt. Benannt auch als die goldenen »Zwanziger Jahre«. Doch dann kam es wieder zu einer verheerenden Wirtschaftskrise mit einer Geldentwertung für die Waren. Die Preise stiegen ins Unermessliche an. So musste man für einen Laib Brot, den man 1919 noch für 70 Pfennige erhielt, 1923 sage und schreibe 400 Milliarden Reichsmark bezahlen. Man nannte es Inflation. Was war der Hauptgrund? Deutschland benötigte Geld, um die Kriegsschulden an die Siegermächte zu bezahlen. Doch die Wertschöpfung durch die eingebrochene Güterproduktion »lag am Boden«. Außerdem mussten all die Familien ohne Väter, die Kriegsversehrten, die Flüchtlinge unterstützt werden. So ließ die Regierung immer mehr an Papiergeld ohne echten materiellen Wert drucken. Wer keine Sachwerte besaß, wurde dadurch bitterarm.

Viele der Menschen verzweifelten, waren auch wieder ohne Arbeit. Ja, und dann kam sie, die Erlösung aus dieser Not, mit dem Staatsführer Adolf Hitler[18]. Er erreichte es, die Massenarbeitslosigkeit immens einzudämmen und die Preise wieder ins rechte Verhältnis zu den Arbeitseinkommen zu bringen. Sogar viele aus der Arbeiterschaft zeigten Sympathie für ihn.

Die Menschen jubelten ihm mit begeistertem Zuspruch zu: »Führer befiel, wir folgen dir.« Das Vertrauen in ihn war mit diesen vorherigen bitteren Erfahrungen riesengroß. Vor allem viele der Frauen erlebten dadurch, dass ihre Kinder wieder genügend zu essen hatten, sehr gut gedeihen konnten. So betrachteten sie ihn als ihren Retter aus der Not.

In den vorbeugenden Maßnahmen einer Arbeitslosigkeit erließ man eine gesetzliche Verordnung. Das Arbeitsförderungsgesetz, als AFG abgekürzt. Keiner der deutschen Bürger sollte in Armut sich verzehren.

---

[18] Adolf Hitler, 1889-1945; Reichsführer, Diktator. Vertrat die Theorie der nordischen Herrenrasse, dass nach dem »Sozialdarwinismus« so wie in der Natur, auch im Gesellschaftlichen die Stärksten, vergleichsweise die der Natur Bestangepassten überleben. Vor allem die Vernichtung aller Juden, über 6 Millionen wurden umgebracht, hatte bei ihm Priorität. Auch alle anderen kritischen, nicht genehmen Menschen vergaste man in den Konzentrationslagern. Nach verlorenem Krieg begingen er und seine Ehegattin Suizid. Dieser Weltkrieg kostete auf der Erde ca. 60 Millionen Menschen das Leben. Allein die UdSSR hatte über 20 Millionen Tote zu beklagen.

In der Ideologie des Führers verankert, sollten diese, sein Volk, als »nordische Herrenrasse« allen anderen in Kraft, in Verstand, im Kampf überlegen sein und als Sieger hervorgehend, die anderen dann als ihre arbeitenden Untertanen gebrauchen. Es ist schon makaber, dass so großer Wert auf ein Wohlergehen des Volks gelegt wurde und gleichzeitig andere, die behindert waren, konsequent ihrer Vernichtung preisgegeben wurden. Diese waren eben für den Herrscher und seine Gefolgschaft »unwertes Leben«. Die Rasse sollte reingehalten werden. Ihre Ermordungen bezeichnete man als »Euthanasie«, Erleichterung des Sterbens.

Jedenfalls einige Jahre später, auch wieder durch einen verlorenen, nun 2. Weltkrieg von 1939-1945, brach dieses Herrenmenschenreich zusammen. Der Führer legte selbst Hand an sich. Vergiftete sich.

Viele Menschen konnten das nicht so recht nachvollziehen. Zu sehr waren sie doch von diesem »ihrigen Erhabenen« in ihrer ehrlichen Überzeugung angetan. Es kam auch verbreitet der Glaube auf, dass der Führer noch lebte. Er nur in ein anderes Land geflohen sei und doch bald zurückkehren werde. Sie glaubten sogar noch bis zuletzt an einen Sieg durch den Einsatz des Führers Geheimwaffen. Deren unrealistische Gedanken waren auch damit zu erklären, dass die meisten rein aus ihrem Rundfunk, dem Volksempfänger, sehr überzeugt klingend beeinflusst, manipuliert worden waren.

Entwicklung der Demokratie mit sozialrechtlicher Präambel

Die Sieger des Krieges verlangten aber nun anderes. Dass dieses furchtbar zerstörte Land sich von seinem überhöhten Nationalstolz, Chauvinismus, mit seinem militaristischen Expansionsdrang abwende und eine Republik mit einem demokratischen Parlamentssystem aufzubauen sei. Das war gar nicht so einfach, denn die Befürworter eines solchen Gesellschaftssystems waren nicht sehr zahlreich. Viele ihrer waren in dem Hitlerreich umgebracht worden oder auch außer Landes geflohen, emigriert.

Doch man schaffte es und verabschiedete dazu ein Grundgesetz, eine vorläufige Landesverfassung. Das geschah 1949[19].

Der andere Teilstaat war die Deutsche Demokratische Republik, gegründet am 07.10.1949. Im November 1989 kam es zur Wiedervereinigung beider Staaten. Man hatte damals betont, dass bei einer Wiedervereinigung generell eine Verfassung verabschiedet werden soll.

Die Siegermächte (UdSSR, USA, England, Frankreich) waren untereinander nicht konform. Vor allem die USA-Regierung wollte ein sozialistisches Staatsgebilde nach den Vorstellungen der UdSSR in

---

[19] Grundgesetz der BRD; beschlossen 23.05.1949. Damit war die Bundesrepublik Deutschland als Teilstaat gegründet.

Deutschland verhindern. Deswegen nahm man eine Teilung des Landes in Kauf.

In diesem verankerte man auch die Prinzipien des Demokratischen Sozialen Bundesstaates in Artikel 20 des Grundgesetzes (GG).

Demokratie ist die Herrschaft des Volkes. Dabei wählen alle wahlberechtigten Bürger ihre Volksvertreter auf Zeit als die Parlamentsabgeordneten. Dieses beschließt die Gesetze (Legislative). Die Regierung ist das gesetzesausführende Organ (Exekutive). Dazu gibt es die unabhängige Gerichtsgewalt, die Judikative.

Das sozialstaatliche Prinzip beinhaltet, dass gesetzliche Grundlagen geschaffen werden müssen, um eine Absicherung der Menschen in Notlagen wie Armut, Arbeitslosigkeit, Krankheit und im Alter zu haben.

Das Prinzip des Rechtsstaates wurde in der Anwendung des Égalité-Grundsatzes so realisiert, dass vor dem Gesetz alle gleich sind. Das bezieht sich auf alle Menschen, nicht nur die Landesbürger. Nun war das Fundament gelegt, dass der Staat Gesetze erarbeiten und beschließen muss, damit die Menschen in Notsituationen in der Lage bleiben, ihre Lebensbedarf absichern zu können.

Man besann sich auf die schon in der Vergangenheit angewandten Sozialgesetze, diese bedürfnisvoraussetzenden Hilfen nach dem Prinzip einer ausgleichenden Gerechtigkeit. So hatte man damit etwas als Grundlage, gut zu Verwertendes, auch für andere

Lebensumstände. Es waren das Arbeitsförderungsgesetz (AFG), das Altersrentengesetz, die sogenannte Reichsversicherungsordnung (RVO), sowie das Krankenversicherungsgesetz und das Arbeitsunfallgesetz. Finanziert werden sollten diese über eine gemeinschaftliche Aufteilung. Dazu war das Solidarprinzip genau das Passende. Jede Seite, Arbeitgeber und Arbeitnehmer, hatte nun die Pflicht, jeweils zur Hälfte deren Beiträge zu leisten. Auch die Altersrentenkasse, damit deren Einnahmen nicht ausgingen, sollte durch die arbeitende Generation mit ihren Abgaben immer aufgefüllt werden. Sozusagen als Solidargemeinschaft. Die junge Generation verpflichtet sich zur finanziellen Absicherung der alten, aus dem Arbeitsleben ausgeschiedenen Menschen.

Vor allem war es der damalige Wirtschaftsminister Ludwig Ehrhard[20], der nicht nur Baumeister dieses sogenannten »Wirtschaftswunders« hier in diesem Lande war. Er setzte auch die Theorien englischer und amerikanischer Ökonomen um, damit dieses Sozialstaatsprinzip wirkungsvoller in seiner Ausführung zur Verwendung kam.

Er war überzeugt von einem liberalen kapitalistischen Wirtschaftssystem. Auch hervorhebend, dass die freiheitliche Ausübung des Einzelnen damit einen Bestand erhalte. Dieses errungene Paradigma sei ihm

---

[20] Ludwig Ehrhard, 1897-1977. Von 1949-1963 Wirtschaftsminister und dann noch 3 Jahre Bundeskanzler der BRD.

sowas wie heilig, betonte er. Doch auch über die von den oben erwähnten Theoretikern erörterten Prinzipien der Gerechtigkeit, der austeilenden/ausgleichenden, war er beeindruckt. Vor allem diese Zweitgenannte.

So setzte er sich ausdauernd dafür ein, dass dieses ausgleichende Prinzip inhaltlich auch mit in die einzelnen Sozialgesetze eingebunden wurde. Von der austeilenden Gerechtigkeit war er nicht zu überzeugen. Das roch ihm zu sehr nach einem »sozialistischen Wohlfahrtsstaat« und führe nur dahin, sich vom Staat in aller Bequemlichkeit versorgen zu lassen. Später wurde ihm dann noch vorgeworfen, mit seinem »Liberalismus« mehr das Egoistische als das Miteinander in der Gesellschaft betont zu haben.

Ja, und dann war da noch eine Hürde zu nehmen. Die Hilfe für diejenigen, die aus den oben genannten Absicherungen keine Unterstützung erhalten konnten.

Man besann sich auf das im preußischen Königreich erlassene Armenpflegegesetz. Übernahm dieses aber nicht, da es doch nicht mehr zeitgemäß war, und schuf ein angepasstes Sozialhilfegesetz. Es sollte aber subsidiär und nachrangig sein. Erst wenn alle anderen Geldquellen, auch die persönlichen und Unterhaltsleistungen Dritter, ausgeschöpft waren, fand dieses auch Anwendung. Aber nur, wenn eine sogenannte Bedürftigkeit des Einzelnen gegeben war. Ein Kriterium waren dabei die monatlichen Einnahmen, die eine bestimmte Höhe nicht überschreiten durften, als anrechenbares Einkommen. Der dann erstattete finanzielle Hilfebetrag wurde nach einem Maßstab festgelegt, der aus dem bestand, was der Mensch durchschnittlich benötigt, um sich am Leben erhalten zu können. Genannt auch als Warenkorb.

Puh, das war für den Hilfesuchenden nicht so einfach, all dies zu seiner Bedürfnisfeststellung zu besorgen. Die zuständigen Ämter überprüften alles aufs Genauste, hob so ernsthaft nachdenkend der Sohn hervor.

Sein Vater fuhr fort, man hätte auch Angst davor, dass einige es ausnutzen könnten, um sich damit ungerechtfertigt zu bereichern und sich vom Staat gut versorgen zu lassen. Immer wieder, aus der gemachten Gesetzeserfahrung, wurde dieses nachgeprüft und das BSHG laufend geändert.

Es war dann im Jahr 2000, als alle diese Einzelgesetze in einer Gesetzessammlung zusammengefasst wurden. Auch das BSHG wurde darin in dem XII. Buch eingeordnet.

Doch die Erfahrungen mit der Anwendung der Sozialhilfe waren nicht so überzeugend. Wohl auch, weil man mit dieser Unterstützung keinen Anreiz schaffte, wieder in das Arbeitsleben eingegliedert werden zu wollen. Denn dieses wollte man doch erreichen, damit die Menschen durch ihre Möglichkeit, einer bezahlten Arbeit nachzugehen, eine viel bessere Lebensperspektive erhielten. Es sollte ja der ausgleichende Modus zur Selbsthilfe und nicht diese austeilende staatliche Unterstützung Priorität haben.

Davon war auch der amtierende Bundeskanzler Gerhard Schröder[21] überzeugt. Mit anderen Fachleuten nahm er somit die arbeitsfähigen Hilfeempfänger aus der Sozialhilfe heraus und gliederte sie in die Arbeitslosenunterstützung in einem gesonderten Gesetz ein.

Das ist das SGB II, oder man nennt es auch nach deren Begründer »Harz-IV-Gesetz«.

Mit dem zu diesem weiter bestehenden BSHG, jetzt SGB XII, wurden Ältere, aus dem Arbeitsleben Ausgeschiedene, und die Behinderten, bei denen eine Rehabilitierungsmaßnahme nicht mehr angebracht war, mit einer finanziellen »Grundsicherung« unterstützt.

Somit setzte man auch die Priorität, dass nicht mehr das Prinzip eines Wohlfahrtsstaates als zu erhaltender Zustand an erster Stelle steht, sondern das kreative, durch Arbeit und Leistung erfüllte Leben vorrangig sei. Dies nannte man das Prinzip der Leistungsgesellschaft mit seiner Prämisse der vollen persönlichen Freiheitentfaltung. Es entstand aus der Entwicklung der rein kapitalistischen hin zur sozialen Marktwirtschaft. Damals eingeführt, in den Jahren

---

[21] Gerhard Schröder, geb. 1944, Bundeskanzler von 1998-2005; Erlass des SGB II Hartz-IV-Gesetzes im Jahr 2002 für arbeitslose Bedürftige als Grundsicherung.

schon ab 1950, von dem damaligen Wirtschaftsminister und späteren Kanzler Ludwig Erhard.

Auch die sogenannten freien Wohlfahrtsverbände richteten nach den Prinzipien zur Integration ins Arbeitsleben ihre Sozialarbeit aus. Dessen Grundlage wurde auch hier die Hilfe zur Selbsthilfe, mitbeeinflussend nach dem Kriterium, den Betroffenen nicht »rein zu fördern«, sondern von ihm auch »ein Fordern« zu verlangen. Diese unterscheidenden Merkmale wurden sogar in den Gesetzestexten ausdrücklich formuliert. So in dem SGB II, der Grundsicherung für bedürftige Arbeitslose. Auch hier gilt das Nachrangigkeitsprinzip, dass Leistungen aus anderen Sozialgesetzen und Rechtsgrundlagen Vorrang, Priorität, haben.

Sogar die geistig-körperlich Behinderten, unabhängig von deren Schwere, die man bis dahin meist abgesondert, isoliert in speziellen Einrichtungen unterbringen ließ, gab man gleichwertig die Chancen einer allgemeinen Schulbildung, Berufsausbildung und angemessenen Berufstätigkeit. Das wird als Inklusion bezeichnet.

Nicht das Wohlfahrts-, sondern das Leistungssystem schaffe auch die Möglichkeit, dass der Einzelne die Möglichkeit erhalte, sich freiheitlich in seinen Entscheidungen und in Gleichheit vor dem Gesetz entfalten zu können. Mit der sozialen Hilfe in der Zielsetzung einer möglichst wieder zu erreichenden Teilhabe, nicht nur am Gemeinschafts-, sondern auch am Arbeitsleben, baue man auch ein Stück ausgleichende Gerechtigkeit auf. Eine austeilende Gerechtigkeit dagegen verberge in sich zu sehr die Gefahr einer Ausgrenzung benachteiligter Personen, sei sehr schwierig zu realisieren und bleibe damit doch eher ein Ideal, eine Utopie. Auch habe man Bedenken, dass diese eher ein passives Verhalten der Person stärke.

Falls Jesus dies auch gesehen haben könnte, ausbreitend sein Ideal wiedererkennend, hätte er nun doch ein Gefühl der Hoffnung in sich, dass sein Rufen nach einem Miteinander unter den Menschen nicht umsonst gewesen sein kann.

Auch wenn beide Gerechtigkeitsformen, zwar in anderer Auslegung, schon vor über 3000 Jahren von dem griechischen Philosophen Aristoteles[22] betont wurde.

Das oben erörterte Sozialhilfegesetz hatte ja über mehrere Jahrzehnte nach dem Prinzip der Wohlfahrt, den in Not geratenen Menschen zur Erhaltung ihrer Lebensexistenz zu helfen, dazu etwas beitragen sollen. Es hatte aber mehr die Grundlage einer bittstellenden Barmherzigkeit. Diese Bedürftigen sollten zwar, wenn möglich, am Leben bleiben, aber auch ihr

---

[22] Einer der wichtigsten griechischen Philosophen (384-322 v. Chr.). Schüler von Sokrates, Platon. Begründer der dialektischen Methodik, der Logik. Theorie einer Tugendlehre, trennt aber dual Geist und Materie. Hat auch noch großen Einfluss auf die gegenwärtige Philosophie. Die beiden Begriffe der Gerechtigkeit in austeilender, ausgleichender Art stammen von ihm.

abgesondertes Dasein, nicht veränderbar, weiterführen. Man betrachtete sie nach verbreiteter Meinung als die Schmarotzer, welche nichts schaffen wollten. »Dem Staat auf der Tasche liegen.« Von den Behörden wurden diese dann noch dazu meist, aber nicht von allen, sehr persönlichkeitserniedrigend behandelt.

Denn man war voller Zuversicht, dass durch die steigende Industrieproduktion auch ein wachsender Bedarf an Arbeitskräften auf dem Arbeitsmarkt benötigt würde. Somit diese »Arbeitsscheuen« auch eine Chance haben müssten, auf dem Arbeitsmarkt vermittelt werden zu können. Man fand einen Weg, den nun bestehenden Arbeitskräftemangel durch Zuwanderung von Ausländern einigermaßen abzudecken. Sie bezeichnete man als Gastarbeiter, da man der Ansicht war, dass diese nach einer gewissen Zeit wieder, wie ein Besucher, in ihre Stammländer zurückkehren würden. Doch die Allermeisten blieben für immer hier, in dem für sie fremden Land.

Es entwickelte sich zeitlich darauffolgend wieder eine Wirtschaftskrise. Von der man sich nach zwei bis drei Jahren erholte. Nun benötigte man wieder ein großes Heer von Arbeitskräften. Doch mit der ansteigenden Industrieproduktion wurde auch die dafür verwendete Technik weiterentwickelt.

Das bedeutete somit, dass das fachliche Wissen der Arbeitenden sich dem anpassen musste. Man brauchte immer mehr theoretisch höher qualifizierte Fachkräfte, Spezialisten im Produktionsprozess. Die angeworbenen ausländischen Arbeitskräfte hatten aber nicht immer das geforderte fachliche Bildungs- und Wissensniveau. Vor allem fehlten ihnen die deutschen Sprachkenntnisse.

In den Überlegungen, diesem Problem einen Lösungsweg zu ermöglichen, erarbeiteten einige Theoretiker, aber auch einflussreiche Wirtschaftsführer der damaligen Staatsregierung, gefördert vor allem durch den in dieser Zeit regierenden Bundeskanzler Gerhard Schröder, ein gut durchdachtes Konzept. Das geschah so in dem Zeitraum von 1999-2001.

Damit war auch die Grundlage zur Codierung eines Sozialgesetz-Buches geschaffen:

I.   Allgemeiner Teil
II.   Grundsicherung für Arbeitssuchende
III.   Arbeitsförderung
IV.   Gemeinsame Vorschriften für die Sozialversicherung
V.   Gesetzliche Krankenversicherung (KVG)
VI.   Gesetzliche Rentenversicherung (RVO)
VII.   Gesetzliche Unfallversicherung (UVG)
VIII.   Kinder- und Jugendhilfe
IX.   Rehabilitation und Teilhabe behinderter Menschen
X.   Sozialverwaltungsverfahren und Sozialdatenschutz
XI.   Soziale Pflegeversicherung
XII.   Sozialhilfe, Grundsicherung im Alter (BSHG)

Der Plan war, es solle mit der Veränderung des BSHG, nachfolgend nun bezeichnetem SGB XII, die Massenarbeitslosigkeit immens reduziert werden, aber gleichzeitig auch mit einer Strukturveränderung der Arbeitsämter einhergehen. Es klang alles sehr modern.

Man teilte die Möglichkeit einer finanziellen Sozialhilfe in die Personengruppen »noch arbeitsfähig« und »nicht mehr Arbeitsfähigen« auf. Die Letzteren, alte und behinderte Menschen, sollten weiter eine Unterstützung, Grundsicherung, nach dem bestehenden SGB XII erhalten.

Gesetzliche Neufassung der Grundsicherung für Arbeitsfähige

Die genannte erste Gruppe sollte durch die neue Gesetzesfassung eine Beihilfe erhalten. Die Zielrichtung der Hilfe war nun, wie es hieß, eine Arbeitseingliederung, eine »Integration«, zu erreichen.

Nur sollte diese Finanzierung nicht von der bestehenden Arbeitslosenversicherung ausgeführt, von den Arbeitsämtern erbracht werden. Diese sollte weiter, nach dem Bedürftigkeitsgrundsatz, von einer abgezweigten Sozialamtsbehörde durchgeführt werden. Sie erhielt die Bezeichnung, ganz modern klingend, Jobcenter. Die Beschäftigten dort waren nun die Fallmanager, und die Hilfesuchenden wurden als Kunden bezeichnet. Das Gesetz selbst wurde, wie schon oben erwähnt, als SGB II, und wegen der Anspruchsregelungen, gleich dem SGB XII, Grundsicherung für Arbeitssuchende genannt. Und da dieses maßgebend von einem Industriemanager mitentworfen wurde, bezeichnete man es auch, um diesem Gesetzesschöpfer Anerkennung zu zollen, nach seinem Namen »Hartz-IV-Gesetz«. Dieser war Mitglied des Vorstandes im VW-Konzern.

Zur Anspruchsberechtigung der Hilfe galt aber weiter die Bedürftigkeitsprüfung. Es wurde genauestens überprüft, ob kein eigenes verwertbares Einkommen oder auch Unterhaltsverpflichtungen von Verwandten gegeben waren. Auch die Ersparnisse und Sachvermögen durften nicht eine festgelegte Höhe überschreiten.

Doch einen großen Schub erreichte man damit, dass eine Arbeitseingliederung das Ziel sein sollte. Einmal wurden damit die Empfänger aus ihren häufig diskriminierenden Außenseiterrollen »erlöst«. Dazu fand eine bildungsfördernde Betreuung statt. Es wurden Unterrichtungskurse, Berufsvorbereitungslehrgänge, Firmenpraktika angeboten und auch amtlich finanziell bezuschusst. Deren Finanzierung erfolgte über die Arbeitsämter, nun als Arbeitsagenturen bezeichnet. All diese Reformen erwiesen sich in der sozialarbeiterischen Betreuung als sehr zukunftsweisend. Auch vor allem mit der Aufgabe, die Massenarbeitslosigkeit abzubauen, eine Alternative zu haben.

Immerhin betraf es ca. über 2,5 Millionen arbeitsfähige Menschen. Auch dazu, mit den Qualifizierungsmaßnahmen die fachlich benötigten Arbeitskräfte, meist in der Industrieproduktion, bereitstellen zu können. Doch all das war im weiter sich entwickelnden Wirtschaftsprozess nicht ausreichend genug. Im Zeitraum nach 2010 musste man wiederum auf Arbeitskräfte aus dem Ausland setzen. Dann sogar ab 2015, unter der Regierung der Kanzlerin Angela Merkel,[23] eine massenhafte Zuwanderung von sogenannten Migranten beschließen. Diese hält gegenwärtig noch an. Doch meist sind es Menschen ohne oder mit geringer Bildung, oder auch kein fachliches Bildungsniveau vorweisend, die nun hier in Qualifizierungsmaßnahmen in das soziale und vor allem Berufsleben integriert werden sollen. Vieles davon verlief recht erfolgsversprechend.

---

[23] Kanzlerin Angela Merkel, geb. 1954, Physikerin, CDU-Mitglied. Seit 2005 Bundeskanzlerin. Vertreterin einer liberalen Wirtschaftspolitik. Der Grundsatz des freiheitlichen Handelns hat bei ihr Priorität. Doch auch das im Grundgesetz verankerte Sozialstaatssystem wird in den politischen Maßnahmen sehr berücksichtigt. Sie engagiert sich sehr für den Ausbau der Europäischen Union, da Deutschland auch eines der größten Wirtschaftsmächte ist. Berücksichtigte aber erst sehr spät die Möglichkeit eines die Natur schonenden, nachhaltigen Wirtschaftens. In der Zuwanderung von Migranten unterschätzte sie die Problematik der häufig nur auf ihren materiellen Vorzug Bedachten und der kriminell Ambitionierten. Auch in der verheerend wirkenden Viruspandemie ging sie in den vorbeugenden Schutzmaßnahmen gegen diese sehr zögerlich, unsicher vor.

Auch die nicht öffentlichen Sozialdienste, die freien Wohlfahrtsverbände, erhielten damit in ihren Hilfsangeboten eine weitere, sogar auch andere Ausrichtung ihrer Betreuungsangebote. Sie wurde so organisiert, dass auch hier ihr Ziel wurde, nicht nur eine Notsituation rein mit der Kontaktaufnahme und der Beratung von möglicher finanzieller staatlicher Hilfe anzubieten. Man schlug auch mehr die Richtung ein, mit dem Einzelnen einen Weg zu suchen, dass er in selbstständiger Weise wieder ein allgemein normal strukturiertes Leben finden sollte. Das geschah meist in der Unterstützung der Wohnungs- und Arbeitssuche, aber auch mit der Möglichkeit eines Bildungs- und Ausbildungsangebotes. Methodisch kam in dieser stützenden Betreuung immer mehr der Grundsatz auf, dass man mit der »Hilfe zur Selbsthilfe« eine Integration erreichen wollte. Dieses wurde dann auch im gesetzlichen Text des SGB II mit den Worten des Förderns, aber auch Forderns, inhaltlich ausgedrückt.

Gesetzliche Neufassung der Reha-Teilhabe von Behinderten

Nun blieben aber weiter abgeschnitten, isoliert, die Behinderten übrig, die weiterhin nach dem BSHG, jetzt auch bezeichnet als SGB XII, ihre Hilfe bezogen. Viele von ihnen waren in ihrem Ausmaß der Behinderung ja nicht so beeinträchtigt, dass sie nicht am gemeinschaftlichen, auch sogar nicht mehr am Arbeitsleben teilnehmen konnten. Um dieses gesetzlich zu fördern, verabschiedete man, ändernd das SGB XII, mit einem separaten Gesetz die Hilfe von behinderten Menschen. Es wurde als SGB IX eingeführt, mit der Bezeichnung seiner Aufgaben zur Rehabilitierung und Teilhabe behinderter Personen am Gemeinschafts- und Arbeitsleben.

Die gesetzliche Auslegung, was eine Behinderung ausmacht, wurde auch dahingehend verändert, dass dies nicht nur die Personen mit festgestellter 50-Grad-Behinderung seien. Die Definition wurde umfangreicher formuliert. Es wurden nun auch diejenigen erfasst, deren körperliche, geistige, seelische Funktionen länger als sechs Monate eingeschränkt anhalten, dazu vom allgemeinen Zustand Gleichaltriger abweichen, und deren Teilhabe am gemeinschaftlichen Leben beeinträchtigt ist. Mit dieser Ausweitung wurde es nun möglich, einer zahlenmäßig viel größeren Personengruppe nach bestehender Gesetzesgrundlage ein sie stützendes Angebot bereitzustellen. Man unterteilte nicht mehr in Leicht- oder Schwerbehinderte. Ausrichtung des Gesetzes wurde aber nun auch hier, eine mögliche Wiedereingliederung zu erreichen. Also weg von der reinen austeilenden Wohlfahrt, etwa wirkend, dass mit der Behinderung gleichzeitig die soziale Teilnahme erloschen sei.

Diese Paradigmenänderung der Barmherzigkeit anderer nahm auch der über allem schwebende Jesus mit Wohlwol-

len auf. Er dachte so bei sich, dass man die damalige Mahnung eines seiner gläubigen Anhänger, er hieß Pestalozzi, sich zu Herzen genommen hatte. Was hatte dieser doch damals gesagt: »Almosen geben sei das Ersäufen des Menschenrechtes im Misthaufen der Geschichte.« Hier hatte man nun, entgegnend der Gefahr eines Ertrinkens, einen möglichen Anfang zur Integration von Menschen in die Gemeinschaft gefunden. Hoffentlich bestreiten die Menschen diesen eingeschlagenen Weg weiter, wird wohl Jesus in sich die Hoffnung verspürt haben.

Doch wie ist dieses Gesetz nun inhaltlich ausgerichtet?

Einmal wurde dort festgelegt, welcher Versicherungsträger nun unmittelbar die Kosten der Hilfe zu tragen hat. Wer dafür zuständig sei, das legte man in dem dazugehörigen SGB I fest.

Es blieb bei diesem Nachrangigkeitsgebot, Subsidiarität der reinen Sozialhilfe. Kostenträger waren erst einmal andere Versicherungsträger. Auch nach dem BGB Personen, die zum Unterhalt verpflichtet sind. Das Entscheidende dabei war nun, dass dieses Suchen, diese Ungewissheit der Zuständigkeit des maßgeblichen Leistungsträgers nicht Pflicht des Hilfesuchenden, des Antragsstellers mehr war. Das mussten die Behörden bei deren Einreichung und sogar Bekanntwerdung von Amts wegen klären. Denn in der Zeit, als es dieses Zuständigkeitsgebot noch nicht gab, kam es häufig vor, dass der Hilfesuchende von einem Amt erfolglos mit dem nächsten vertröstet wurde.

Sehr eindrucksvoll wurde das auch in dem sehr bekannten, zeitlich etwas zurückliegenden Film »Der Hauptmann von Köpenick« dargestellt. Dieser Betroffene verliert all seine Hoffnung, dass ihm irgendjemand in seiner Not zur Seite stehe. Der Vorschlag könnte von einem Revolutionär stammen, dass der Notleidende keine andere Möglichkeit hat, als wie ein Gesetzesbrecher vorzugehen, um sich so selbst zu helfen.

Die Inhalte des SGB IX sind schwerpunktmäßig, weshalb eine medizinische Diagnose zur Abklärung einer Wiedereingliederung durchzuführen ist. Mit dieser medizinischen Abklärung darf aber nicht die Ausschließung der möglichen Hilfe verbunden sein. Sie soll dazu dienen, dass man dem Einzelnen ein für ihn angepasstes Angebot zur möglichen Rehabilitierung machen kann. Auch schon einbeziehend ein Präventionsangebot, um seine Schädigung einzudämmen oder auch anzugeben, mit welchen Möglichkeiten die Beeinträchtigungen effizient behandelbar wäre. Das war ein Beschluss der Welt-Gesundheits-Organisation aus dem Jahr 2001, der dann hier in dem aufgezeigten Gesetz auch übernommen wurde.

Dann weiter gesetzlich eingebracht, die Erbringung von Hilfen zur Teilhabe am Arbeitsleben mit unterhaltssichernden und ergänzenden Zuschüssen. Auch sogar die Teilhabe am Gemeinschaftsleben als Grundsatz der Selbstbestimmung ist darin verknüpft.

Hier in diesen gesetzlichen Vorlagen besteht dessen Schwerpunkt darin, intervenierend, entgegensteuernd eine Hilfestellung zur Prävention, und vor allem zur möglichen Integration, zum möglichen selbstständigen Aktivsein im gemeinschaftlichem und vor allem im Berufsleben zu erreichen. Es solle dabei kompensiert werden, wie man es sagt, dass der Betroffene nicht ein Dauerpatient, ein Pflegefall oder Frührentner werde. Dieser Grundsatz ist in den §§ 4 ff. des Gesetzes so festgelegt. Somit soll eine Intervention, wie es heißt, in der Prävention, im Bereich der Aktivitäts-, der Teilhabeeinschränkung grundsätzliche Aufgabe der Hilfe sein.

Im Gesetz, so im Teil 2 des SGB IX, wird hervorgehoben, dass es ganz wichtig ist, auch ergänzend, die besonderen Hilfen für Schwerbehinderte, also diejenigen mit einer Einschränkung von mehr als 50 %, in einer Maßnahme zur Rehabilitierung einer ihm angepassten Teilhabe zu erreichen.

Vor allem eine mögliche Arbeitseingliederung gestaltet sich hier sehr schwierig, da insgesamt die benötigten fachlichen Kenntnisse für eine Berufsausübung sich immens erhöht haben. Dieses Niveau ist von dieser Personengruppe meist nur schwer erreichbar. Deswegen zahlen viele Unternehmen, aber auch öffentliche Verwaltungen, ersatzweise eine Ausgleichszahlung, wie es im § 71 SGB IX festgelegt ist.

Auch gibt es noch große Probleme mit der sogenannten Inklusion von schwerbehinderten Menschen aller Altersgruppen. Grundgesetzlich geregelt ist dazu die allgemeine Gleichberechtigung auf allen Gebieten des sozialen Lebens.

Deswegen werden die Forderungen nach Gleichstellung in der Bildung, der Aus- und Weiterbildung, der Berufsausübung immer lauter. Bis jetzt wurden die von einer Behinderung Betroffenen in gesonderten Einrichtungen betreut. Eine mögliche Ausbildung konnte dadurch auch nicht erfolgen. Diese Menschen wurden, meist ihr Leben lang, zwar stützend, aber doch im gemeinschaftlichen Leben rein isoliert. Bis jetzt hält man gesetzlich, so der § 136 SGB IX, daran fest, dass die Schwerbehinderten in diesen beschützenden Werkstätten arbeiten sollen, da die Anforderungen im üblichen Arbeitsprozess doch zu hoch seien. Oder in anderen Gesetzen wird vage darauf hingewiesen, wie zum Beispiel, dass in Kindertagesstätten oder auch Schulen »möglichst« Behinderte und Nichtbehinderte gemeinsam, inklusiv, betreut oder unterrichtet werden sollten.

Digitalisierung als Chance für Behinderte

Es wird aber schon aufkommend durch die digitale Entwicklung[24] positiv in Aussicht gestellt, dass vor

---

[24] Digitalisierung ist ein elektronisches Datenvermittlungsverfahren, EDV, in dem hintereinander gereihte Ziffern der 0 und der 1 in Wörter oder Grafiken umgewandelt werden. Aus Binärem entsteht

allem Behinderte damit bessere Chancen zur Teilhabe im Arbeitsleben erhalten könnten. Da zur Erbringung der geforderten Arbeitsleistungen ganz selten nur noch ein physischer Einsatz notwendig ist, werden somit Personen, auch wenn sie körperliche oder andere gesundheitliche Einschränkungen haben, doch eine höhere Möglichkeit zur Teilhabe am Arbeitsleben bekommen. Vor allem die in ihrer Bewegungsmöglichkeit Eingeschränkten brauchen nicht mehr täglich einen Firmenarbeitsplatz aufsuchen und können ihre Arbeitsleistungen im sogenannten Homeoffice erbringen.

Wichtig ist aber, dass diesen Menschen für ihre Berufsvorbereitung Bildungsangebote bereitgestellt werden, die berücksichtigend dieser gesonderten körperlich-mentalen Einschränkungen zielgerichtet eine Aus- und Weiterbildung anbieten. Für den EDV-Bereich gibt es so etwas noch nicht. Es existieren nur die Einrichtungen für das Erlernen einer handwerklichen, metallverarbeitenden oder dienstleistenden Tätigkeit für junge Menschen. Benannt als Berufsbildungswerke. Bestehende Berufsförderungswerke bieten aber mittlerweile schon immer häufiger entsprechende Lehrgänge an. Die gesetzliche Bestimmung

---

so Digitales. Die Erfindung war revolutionär im Produktionsprozess. Bezeichnet als 4.0 Industrierevolution. Angefangen, in der Einfließung im Wirtschaftsprozess, hatte alles nach 1950 in den USA.

dazu ist der § 35 SGB IX. Auch wurde den Unternehmen zur kombinierten beruflichen Qualifizierung assistierende Zusammenarbeit mit den Sozialdiensten der Bildungsstätten angeboten. Diese Unternehmen erhalten dafür auch einen vollen Lohn- und Kostenersatz.

Methoden der Sozialarbeit durch ein Fördern und Fordern

Wie sollte man nun methodisch, auch dazu didaktisch in der Betreuung dieser Personengruppen verfahren?

Eine allgemein strukturierte Theorie dazu existiert noch nicht. Die Sozialgesetze zeigen aber doch richtungsweisend auf, was nun in der sozialen Arbeit von Hilfe benötigenden Menschen beachtet werden sollte.

Es hat ja mit diesen Rechtsvorschriften auch ein sogenannter Paradigmenwechsel stattgefunden. Weg von der reinen Armenfürsorge, die es auch dabei beließ, die Ausgrenzung dieser zu belassen. Es wurde versucht, durch diese Unterstützung die Eigenverantwortlichkeit, verbindend damit ein selbstständiges Handeln der eigenen existenziellen Bedürfnisse, zu stabilisieren. Da aber auch die Befähigung dieser Menschen, am gemeinschaftlichen Leben teilnehmen zu können, sehr unterschiedlich ist, wurde sogar in den einzelnen Gesetzen verankert, welche Maßnahme somit in Frage kommen. Zur Erreichung einer »sozialen Kompetenz, Befähigung«, wie es in § 29 SGB VIII heißt.

All dieses wird in dem Grundsatz, den man auch in der methodischen Vorgehensweise mitberücksichtigen sollte, als »Hilfe zur Selbsthilfe« formuliert.

Im Gesetz, so im SGB II, wird aber auch bestimmend hervorgehoben, dass nicht nur rein ein Fördern des zu Beratenden dessen Aufgabe ist. Es heißt auch weiter, dass von dem Betroffenen zur Mitgestaltung »fordernd« etwas verlangt werden kann. Das ist auch ein Hinweis darauf, dass die Hilfe nicht rein als Wohlfahrt erbracht wird. Die Bedenken, dass dieses entsprechend den gemachten Erfahrungen in der vorherigen Anwendung des BSHG generell angewendet wurde, sollten mit dem reformierten Gesetz eingedämmt werden. Es galt nun der Grundsatz, dass der Einzelne vom Staat existenzabsichernd »versorgt wird«, doch aber selbst aktiv zur Gestaltung seines Lebens mit beitragen solle. Zur eigenen Aktivierung ist es gegenwärtig verbreitet, dass der Klient in Eigenregie einen sogenannten Bildungsgutschein erhält. Mit diesem kann er somit bei verschiedenen Bildungsträgern zu seiner Qualifizierung vorstellig werden. Dieser Imperativ des Forderns wird abgeleitet von der Verneinung einer austeilenden, bejahend der ausgleichenden Gerechtigkeitsauslegung. Dieses deutet aber auch an, dass man damit pflichtverlangend auf den Betroffenen Einfluss nehmen will. Häufig werden daraus resultierend, falls er diesen nicht nachkomme,

gegen ihn Sanktionen in Aussicht gestellt. In diesem
Zusammenhang muss mit in Erwägung gezogen werden, dass in Situationen, in denen eine krasse Problematik eskaliert oder sogar ein Unglück geschehen
könnte, um Schlimmeres zu vermeiden, intervenierend, hemmend vorgehend, gehandelt werden muss.
Das wird als Krisenintervention bezeichnet. Doch
meist ist ja so etwas nicht gegeben, und es bleibt auch
weiterhin eine Tatsache, dass die betreuende Person
des Hilfesuchenden sich in autoritärer Art und Weise
aufführt. Auch damit beweisen zu wollen, dass ihr
Gegenüber nicht ein vollwertiger, auf gleicher Ebene
stehender Mensch sei. Er sei der Bittsteller und stehe
nun einem Gönner gegenüber. Auch gegenwärtig
wird es häufig noch gehandhabt, den anderen sogar
so zu steuern, wie man es selbst erreichen möchte,
sodass dieser sein Leben somit fremdbestimmend zu
führen habe. Man bezeichnet das als »Amtsbevor-
mundung«. Nur ganz allmählich scheint sich hier ein
Wechsel hin zu einem einfühlsamen, empathischen
Auftreten im Kontakt des Beraters und des Klienten
(Hilfesuchenden) zu etablieren. Methodisch beinhaltet
dieser eine »motivierende Vorgehensweise«, aber
auch dann, wenn der Hilfesuchende sich in bestimmten Situationen nicht richtig oder auch fehlerhaft verhalten hatte.

Kritisch zu hinterfragen ist aber doch bei der Ge-
setzesanwendung des SGB II dieses Vorliegen einer
»Bedürftigkeit«, die wie bei der Anwendung des Sozi-

alhilfegesetzes nach SGB XII gegeben sein muss. Nach dem ersteren Gesetz ist es doch das Ziel, eine Arbeitseingliederung zu erreichen. Erfüllt der Antragsteller nicht die Kriterien dieser Bedürftigkeitsprüfung, dann verbaut man ihm somit auch den Weg, dass er am Arbeitsleben wieder teilnehmen sollte. Es bleibt ihm dann nur noch übrig, dass er ohne staatliche Hilfe weiter darum ringen muss, sein Leben zu erhalten.

Es kommt wegen dieser schwer zu ertragenden Situation, auch damit der Einzelne eine sicher gefühlte Lebensperspektive verspürt, immer häufiger der Vorschlag auf, den Arbeitssuchenden, aber auch anderen, ein wie es formuliert wird »bedingungsloses Grundeinkommen« zu gewährleisten. In Experimenten hatte man schon gute Erfahrungen gemacht, dass die Betroffenen sich stabilisierten, weil sie keine Existenzangst mehr haben mussten, und damit auch aktiver wurden, in einen für sie angemessenen »Arbeitsjob« wieder einzusteigen. All das beinhaltet aber auch immens hohe finanzielle Staatsausgaben.

Entsprechend der gemachten Umschreibungen kann dieses »Fordern«, in Verbindung aktiv zu sein, als Element der Methodik in der Sozialarbeit festgelegt werden.

Nun soll dieses Fordern aber nicht autoritär bestimmend, sondern, zwar abverlangend, aber doch einfühlsam erfolgen. Das definierte man mit dem Begriff der »Empathie«[25], die von dem amerikanischen Psychotherapeuten Carl Rogers[26] als Konzept in der Gesprächsführung, die zur möglichen Motivation, selbstbestimmend zu handeln, beitragen soll.

Diese Motivation des anderen kann auch aus der grundgesetzlichen Verpflichtung, dass die Menschenwürde voll zu berücksichtigen sei, auslegend hergeleitet werden.

Dadurch, dass sich in der Vorgehensweise einer Beratung immer mehr die Hilfe zur Selbsthilfe durchzusetzen scheint, erreichte man sicherlich eher das angepeilte Ziel, dass der Klient, »Kunde«, durch seine in sich fühlende Motivation, in seinem Interesse, eine Änderung seiner Lebenssituation zu erreichen versucht.

Er kann aber auch wiederum daran scheitern, wenn die nun antreffenden sozialen Verhältnisse ihm dieses wieder verwehren. Viele der Menschen, nicht nur die Hilfesuchenden oder die Behinderten, sind an den gegebenen Realitäten, mit denen sie sich »herumschlagen« mussten, häufig gescheitert.

Das waren nun die Ausführungen zur Methodik

---

[25] Empathie ist die Bereitschaft und Fähigkeit, sich in andere Menschen einzufühlen, ohne eigenes Anspruchsdenken.

[26] Carl Rogers, 1902-1987, amerikanischer Psychotherapeut, Begründer der Gesprächstherapie durch einfühlendes Verständnis ohne herabwürdigendes Mitleid; klientenzentrierter, nicht direktiver Ansatz, »Lernen in Freiheit, Die Kraft des Guten« entdecken.

des Forderns und Förderns, wie aufgeführt im SGB II, als annähernd »lösungsorientierter Ansatz in der Sozialhilfe«.[27]

Einzelfallgespräche

Für diese Vorgehensweise bedarf es aber auch, dem Klienten zu vermitteln, was man eigentlich »mit ihm vorhat«. Was man mit ihm zusammen erreichen möchte. Es muss dazu eine Didaktik angewendet werden. Der Begriff stammt zwar aus der Schulpädagogik, der aussagt, dass durch das Unterrichten eines Lehrers erreicht werden soll, dass der Schüler seinen Wissensstand so erweitert. Das geschieht meist in frontal vortragsvermittelnder Art und Weise. In der Sozialbetreuung kommt es zwar auch darauf an, Kenntnisse zu vermitteln, aber doch mehr mit dem Ziel, dass der Klient Fähigkeiten in seinem Handeln erlangen soll, damit er sich im sozialen Umfeld als kompetent erweisen kann.

Somit ergibt sich daraus, dass der Sozialarbeiter, -pädagoge, im Kontaktgespräch herausfinden sollte, in welchem kognitiven Wissensstand sich der Einzelne befindet, oder der Beratende auch durch Informa-

---

[27] Erstmals so aufgelistet von den Amerikanern Steve de Shazer und Insoo Kim Berg, beides Therapeuten, und das schon kurze Zeit nach dem Ende des 2. Weltkrieges.

tionen anderer Berichte, wie von Ärzten oder Psychologen, davon in Kenntnis gesetzt wird.

Dann auch, welche »Schwächen«, aber auch welche »Stärken« sind beim Klienten zeigen. Man kann beispielsweise von keinem verlangen, wenn er Analphabet sein sollte, dass er für sich selbst aktiv werdend, schriftlich eine Bewerbung verfassen soll, um wieder in Arbeit zu kommen. Es wird auch als Überprüfung von »Ressourcen-, Fähigkeitserkenntnissen« bezeichnet. Optimal ist natürlich, wenn der Klient, das, was er erreichen will, aus sich heraus vorgeben kann. Meist ist es aber so, dass sich der Einzelne in dieser Hinsicht sehr zurückhält und abwartend erst einmal die Vorschläge der ihn betreuenden Person anhört. Da ja doch die meisten vorrangig ein Interesse haben, dass für ihr »Überleben« erst einmal eine finanzielle Hilfe gewährleistet werden soll. Die Hilfe zur Aktivierung muss erst einmal mit ihm aufgebaut werden. Das versucht man über ein Erreichen zur motivierenden Einstellung und Bereitschaft zur Handlung.

Gruppenarbeit

In der Ausübung der sozialen Dienste ist es auch eine notwendige Vorgehensweise, nicht nur die Einzelfallhilfe, sondern auch ein Angebot gruppentherapeutischer Art anzubieten.

Die Aufgabe ist ja, wenn möglich, den Klienten in seiner Persönlichkeit so zu stabilisieren, dass er auch für ein Leben in seinem sozialen Umfeld fähig wird.

Vor allem nach längerer Verweildauer in Einrichtungen, so wie Krankenhäusern oder Kliniken, ist auch in den Gesetzen SGB VIII und SGB IX dieses festgelegt worden.

Für deren Teilnahme ist es eine wichtige Voraussetzung, dass der Sozialarbeiter oder -pädagoge genauestens über die Erkrankung des Patienten, Klienten, die Informationen erhält. Das wird auch immer durch die Gewährung des Nachlesens in der Patientenakte ermöglicht.

Dann muss der Betreuer klären, ob der Klient überhaupt gruppenfähig ist oder eine Einzelbetreuung Vorrang hat. Hat sich der Klient über längere Zeit »in sein Schneckenhaus« zurückgezogen, dann kostet es ihn eine große Überwindung, in der Gruppe sich darzutun. Er ist in seinem Selbstbewusstsein häufig sehr labil geworden. Oder auch durch medikamentöse Behandlung in seinen Sinnesreaktionen nicht mehr »schwingungsfähig«.[28]

Bestimmte Personen mit geistigen, mentalen Ein-

---

[28] Vor allem erwiesener Maßen in der Behandlung mit Neuroleptika, einem synthetischen Medikament, das bei Psychosen verwendet wird. Für die behandelnden Psychiater ist es aber auch fast unmöglich, diese schweren Erkrankungen ohne chemische Mittel erfolgreich einzudämmen.

schränkungen, aber auch individuellen Verhaltensmerkmalen, können von vorneherein für eine Gruppenfähigkeit nicht in Frage kommen. Auch bei seelischen Erkrankungen kann dies so sein.

Der Einzelne zeigt Kontaktangst. Ihm ist es fremd geworden, in einer Gruppe etwas sagen zu müssen. Auch mit den Bedenken, schon von anderen angeschaut, der Gemeinschaft preisgegeben zu sein oder sogar ausgelacht zu werden.

Am Anfang ist es ratsam, ein sogenanntes Personendiagramm zu erstellen. Die Sitzordnung der Einzelnen ist, auch nach individuellen Wünschen, zu beachten. Dann erfolgt die Organisation. Kann man einen Stuhlkreis machen, ein Tischgespräch oder auch eine Schulsitzordnung?

Zu Beginn der Gruppensitzung muss man überlegen, ob man gleich mit einer Gesprächsrunde anfangen kann. Sie beinhaltet ja, dass die Beteiligten fähig sind, sich verbal mitzuteilen und sogar den Ausführungen anderer Folge leisten zu können. Deswegen ist es angebrachter, erst einmal einen Kontakt über andere Sinnesverarbeitungen vorzuschlagen. Beispielsweise, sich einen Ball oder anderen weichen Gegenstand zuzuwerfen und dabei seinen Namen zu nennen. Oder auch gemeinsam mit einem Händeklatschen oder ähnlichen motorischen Bewegungen anzufangen.

Dann auch, dass die Gruppe manuell etwas herstellt oder auch produziert. Hierfür sollte man am Anfang einen Plan entworfen haben.

Schon dieses Animieren, etwas beizutragen, möglichst immer in fröhlicher Atmosphäre, gibt ja Raum dazu, dass hemmende Barrieren beseitigt werden.

Nun ist es aber auch angebracht, in der Gruppe zu verdeutlichen, dass das Leben »draußen« nicht rein ein fröhliches Spiel, sondern etwas Nüchternes, Ernstes ist. Das ist meist in der Gruppenarbeit schwer zu vermitteln. Man kann es erreichen, wenn man sich sicher ist, dass die Teilnehmer ernsthaft auch in der Gruppe Probleme erörtern möchten. Bei guter Vertrauenssituation untereinander kann es sehr nutzbringend sein, in Rollenspielen bestimmte Lebenssituationen, gleich einem Theaterspiel, zu veranstalten. Das bringt auch die Teilnehmer darin ein Stück weiter, ihre innere Gefühlswelt ausdrucksvoll darzustellen.

Häufig ist es aber so, dass man die Kontakte nur in Einzelgesprächen durführen kann. Es ist ja auch allgemein üblich, jedenfalls in der gegenwärtigen Zivilgesellschaft, dass man in der Gemeinschaft nicht gerne zeigen möchte, was einen innerlich bewegt.

Lösungsorientierter Einzelfall

Nach diesem, folgendes Beispiel:

Eine Frau, 48 Jahre alt, verwitwet, mit einem Sohn, vierzehn Jahre alt. Die Frau ist von Geburt an behindert. Hat nur eine Hand. Lernschwäche wurde im

Test festgestellt. Hat deswegen die Sonderschule, damals noch als Hilfsschule bezeichnet, bis zur 4. Klasse besuchen müssen. Danach erhielt sie eine Berufsausbildung in einer Reha-Einrichtung als Weißnäherin. Schaffte auch den Abschluss. Während ihrer Ausbildung war sie internatsmäßig dort untergebracht. Danach arbeitete sie, bis zu ihrer Heirat, in diesem Beruf. Nach ihrer Eheschließung hörte sie auf zu arbeiten. Ließ sich ihre angesammelten Altersrentenbeiträge auszahlen. Sie bekam ein Kind. Ihr Mann war von Beruf Kaufmann und arbeitete, mit einigen Unterbrechungen, in diesem Beruf. Er war alkoholabhängig und verstarb dann nach einigen Jahren.

Seine Frau erhielt eine geringe Witwenrente und musste zur Lebensexistenz wieder arbeiten gehen. Sie war dann in gering bezahlter Arbeit, meist als Haushälterin oder in Helferdiensten tätig.

Mit all diesem war sie körperlich und seelisch überfordert. Bekam eine Depression, die stationär in einer Klinik diagnostiziert und behandelt wurde.

Nun ist sie wieder einigermaßen, nach dreimonatigem Aufenthalt, stabilisiert und spricht zu ihrer sozialen Integration, sich beraten lassen wollend, beim Kliniksozialdienst (SD) vor.

Wie ist nun vorzugehen?

Methodisch: Dort anfangen, wo die Klientin steht.

Mit Fragen, was sie nach ihrer Entlassung nun machen möchte.

Das wüsste sie nicht so genau, meint diese.

Der SD schlägt vor, eine Arbeitseingliederung in Halbtagsbeschäftigung. Damit bliebe auch noch Zeit für die familiäre Betreuung ihres Sohnes.

Das möchte diese aber nicht. Sie möchte lieber ganz zuhause bleiben, von ihrer Witwenrente leben und wenn möglich, eine finanzielle Unterstützung zum Leben erhalten.

Der SD fragt dann nach, wie hoch denn ihre Rente sei?

Sie gibt an, dass diese 480 € pro Monat betrage. Dazu habe sie noch das Kindergeld in Höhe von 180 € und eine Wohngeldbeihilfe von 250 €.

Der SD schaut nun im SGB nach einer möglichen Anspruchsgrundlage nach.

Da eine Behinderung vorliegt, könnten die gesetzlichen Bestimmungen nach SGB IX, §§ 1, 4, sowie § 10 SGB I in Frage kommen.

Das Gesetz gilt aber zur Rehabilitation und Teilhabe am Gemeinschaftsleben. Die Klientin will, so ihr Interesse, nicht mehr arbeiten. Folglich kann das Gesetz des SGB IX nicht für die Klientin »greifen«.

Die finanzielle Hilfe, hier Sozialhilfe, richtet sich somit nach den §§ 53 ff. und § 60 SGB XII. Es ist eine reine Grundsicherung, auch für Behinderte.

Voraussetzung dazu ist, dass eine Bedürftigkeit vorliegt. Dies ist im Familiengesetz des BGB geregelt.

So heißt es dazu im § 1602 BGB: Bedürftigkeit ist dann gegeben, wenn die Person aus eigenen Mitteln nicht mehr ihren Lebensbedarf selbst abdecken kann.

Es müsste somit eine Hilfebedürftigkeit nach § 9 SGB II gegeben sein.

Es ist deshalb zu überprüfen, ob die Betroffene ihr Dasein aus eigenem Einkommen, verwertbarem Vermögen oder auch durch unterhaltspflichtige Verwandte selbst »bestreiten kann«.

Das ergibt sich aus einem rechnerischen Einkommens-Bedarfsvergleich.

Doch was hat sich alles aus diesem Ideal der Nächstenliebe, diesem Fanal der Christen, entfalten können? Es entstand das Ideal der Vernunft. Hervorgebracht aus dem Wissensfortschritt, doch auch mit den Aufständen der Unterdrückten. Mit dem sich zusammenhängend viele der Philosophen beschäftigten und ihre Theorien verfassten. Doch dieses Handeln nach Vernunft ließ sich nicht verwirklichen. Es blieb bei der Feststellung, dass die Menschen durch ihr Bewusstsein rein zur Vernunft Begabte, aber keine vernünftig Handelnde seien.

Tief saß der Schock der beiden Weltkriege, mit den Abermillionen Toten, den massiven Verwüstungen, die durch den Selbstverwirklichungsdrang einzelner Personen größtenteils ihre Ursache hatten, und der sich auch bis in die Gegenwart immer wieder zeigt. Doch mit diesem Attribut gab man sich nicht zufrieden. Zu groß ist der Drang der Menschen, »ihre Welt gerechter« gestalten zu wollen.

Vorwärtsstürmend, aufopfernd, machten sie sich

weiter auf die Suche: Es hörte sich an wie das Anklop-
fen der leibhaftigen Gerechtigkeit.

Oder war es doch nur wieder ein ideeller Wunsch-
gedanke?

2. TEIL

Gerechtigkeit, kommst du wieder?

Wegweisende Einführung[29]

Hier folgen nun die weiteren Erzählungen über die soziale Entwicklung der Menschen. Angefangen mit ihrem Aufrichten, Begreifen, dem Handeln. Mit ihrer Demut vor dem Unbegreifbaren. Dem Verschlingen der bezichtigten Sünde und der Geburt der Nichtfassbaren. Dem Erkennen des Geistes. Der Möglichkeit, mit ihren geistigen Erkenntnissen dem Aufleben einer Rücksichtnahme untereinander nach gerechten Prinzipien zu realisieren. Der Gerechtigkeit zu einem Dasein zu verhelfen. Aber auch die Befähigung ihrer Neigungen für einen Eigennutz, hervorgerufen durch ihren Freiheitsdrang, doch in beiderseitiger Berücksichtigung existieren zu können.

Wie sagte doch der in Armut lebende Bauer am Mittagstisch mit seiner Frau und seinen sieben Kindern, als unverhofft ein hungrig aussehender Fremder sich hinzugesellte? Komm nur Bruder, iss mit, wo neun satt werden, ist auch für den Zehnten ein Teller mit warmer Suppe übrig.

Vielleicht war dieser Fremde Jesus der Nazarener. Wer weiß es schon genau? Er hatte ja nicht seinen Namen genannt.

---

[29] In den folgenden Erzählungen muss immer wieder auf das vorherig Erwähnte zurückgegriffen werden. Das soll keine zeilenfüllende Wiederholung sein. Es ist notwendig, um die daraus weiter vertiefende Entwicklung der Geschehnisse aufzubauen. Das Neue, entstanden aus seinen Einzelteilen, ist doch immer mehr als diese. Als »qualitativer Sprung«, so wird es bezeichnet.

Aufrecht begreifend zum Führer

Aus dem Dunkel heraus kam die Gruppe in Bewegung. Hier und dort griffen sie nach den herunterhängenden Blüten und Früchten, um ihren, sie quälenden Hunger zu stillen. Ihre Jungen hielten sich angeschmiegt an ihrem Körperfell fest.

Der heutige Tag hatte etwas Überraschendes, Seltsames an sich!

Sie hoben und wendeten ständig ihre Köpfe, um Ausschau zu halten nach dem, was in einiger Entfernung immer wieder wie ein lichter Strahl ihnen erschien. Und dann sahen es alle überraschend: Dieses Farbenspiel auf der angrenzenden, mit Gras und Büschen bewachsenen Ebene. Es schimmerte verlockend in verschieden Farbtönen. Einmal weiß-blau-violett, gelb-grün, orange-rot. Umso intensiver das aufkommende Licht der Sonne sich über die Fläche ergoss, desto kräftiger nahmen sie das Farbenspiel wahr. Die Gruppe zog es dorthin, neugierig und auf Futtersuche. Sie verließen den dunklen Wald, sprangen von den Bäumen herab und begaben sich, meist auf ihren vier Körpergliedern laufend, in diese helle Landschaft, um vor allem nach etwas Nahrhaftem zu suchen.

Und dann, durch ein lautes Brüllen aufgeschreckt, brach es über sie herein. Ein pelziges vierbeiniges Wesen überraschte sie durch einen gewaltigen Sprung. Griff sich einen der Gruppe und stieß seine säbelartigen Zähne in seinen Nacken. Schleppte ihn in die Büsche, um ihn dort zu verschlingen. Die anderen erstarrten vor der über sie gekommenen Gefahr. Dann flohen sie rückwärtsgewandt. Ja, wie ein Wunder erscheinend, mit der Fähigkeit ihres aufgerichteten Körpers auf die sie schützenden Bäume. Sie hatten mit einem Mal begriffen, stehend auf ihren Beinen, getragen von ihren Füßen, die Flucht zu ergreifen. Sie schafften es auch, mit ihren Händen greifend, sich in die Baumwipfel zu schwingen.

Ja, dann auch weiterhin mit diesen Händen und den Fingern die Dinge um sie herum zu betasten, zu befühlen und sie, wenn sie ihnen nahrhaft erschienen, zu pflücken und zu verzehren.

Sie verstanden auch weiter, dass es in den hellen Ebenen sehr schmackhafte Blüten und Früchte gab. Dazu auch kleinere Lebewesen, die man leicht ergreifen, fassen konnte. Die dann auch schnell zu verschlingen waren. Bei, für sie hörbaren ängstigenden Geräuschen, verstanden sie es nun auch, flink sich aufzurichten. Nicht nur dies! Sondern auch aufrecht laufend zu fliehen.

Sie streiften immer häufiger in der nun von ihnen beherrschten, aufrechten Gangart umher. Hatten dadurch ihre oberen Körperglieder frei. Konnten diese nun auch dauernd zum Greifen der Beeren und Früchte sowie auch anderer Dinge, zur Aufnahme ihrer notwendigen Nahrung, gebrauchen. Auch verstanden sie es besser, über die Gras- und Buschspitzen hinweg ihr Umfeld zu erkunden und Ausschau nach ihren Fressfeinden zu halten.

Doch dann erstarrten wieder alle vor Furcht und Schrecken!

Was war geschehen?

Dieses vor Hunger getriebene vierbeinige Ungeheuer hatte eines ihrer weiblichen Wesen der Gruppe überrascht und zerfleischt. Es wollte es in die Büsche zerren. Doch einer der aufrecht Gehenden nahm überraschend mehrere der umherliegenden Steine und schleuderte sie auf das tierische Wesen, traf es auch. Dieses brüllte vor Schmerz auf. Andere Mutige machten ihm dies nach. Überwanden ihre Furcht und warfen auch mit Steinen nach ihrem Feind. Der Mutigste nahm dann einen umherliegenden Ast an sich. Ging ohne Furcht auf das Tier los, bis dieses fluchtartig von seiner getöteten Beute abließ und sich zurückzog.

Mit für sie wohlklingenden Lauten stampften sie, nachdem sie zu ihrem Rastplatz zurückgekehrt waren, mit ihren Füßen, in den Kreisen sich drehend, wohlwollend betastend mit ihren Händen den, der ihnen am mutigsten schien. Es wurde ihr stolzer Anführer. Die weiblichen Wesen schauten gefühlsbetont, hingebungsvoll nach ihm.

Der Führer findet den Unbegreiflichen
Kämpfer, Sieger, Führer, Vernichter

Er war mutig, kämpfte für die anderen. Stellte Gegenstände zum Überlisten anderer Lebewesen, welche sie verzehrten, her. Ließ die anderen daran glauben, dass er mit dem, was nicht zu begreifen war, Verbindung hat. Dieser ihm auch gedeutet habe, dass er, dieser Unbegreifliche[30], sie alle satt und auch warmhalte, solange ihm immer geopfert werde. Dieses, sein Verlangen, gebe er an seinen Boten, ihren Anführer, weiter. Bei für ihn genehmen Gaben werde es allen gut gehen, wenn alle hörig immer wieder seinen Geboten nachkommen. Sollten sie diesen Gehorsam nicht erbringen, dann werde es so geschehen, dass andere dunkle Ungeheuer ihnen Hunger, Elend und Schmerzen zufügen würden.[31]

Mit schrillen Schreien drehte sich er, der Götzenbote, um dieses Heiße, wovor die anderen angstvoll abwendend Abstand hielten. Dann tat er kund, dass ihm ein Zeichen als Botschaft zuteilgeworden war, die so klang wie »Ouranos«[32]. Dieser Unbegreifliche, wel-

---

[30] Der (die) Unbegreifliche(n), auch im Folgenden Unfassbare (in Singular und Plural), ist das Wirkliche, die Wahrheit. Von den Menschen aber nicht vollständig zu Verstehende. Von Gläubigen auch als Geist, Dämon, Jehova, Gott, Zen, Allah und Weiterem benannt.

[31] In allem bedrohlich Erscheinenden waren die Menschen im Glauben, dass dieses die dunklen Dämonen seien. Diese überall auf der Lauer lägen.

[32] Ouranos war der Ur-Gott des Himmels, Firmamentes, einer festen Kuppel mit den Sternen, deren Ränder die flache Erde berühren. Dahinter verbarg sich die Unterwelt.

cher aber über allem wache, alles sehe und auch alles beherrsche. Der in einer alles umspannenden Kuppel, besetzt mit den Himmelslichtern, sich befinde. Deren Ausläufer sich mit der Erdenscheibe verschmolzen habe.

In gehorsamer Hingabe zu diesem bitte er, als sein Bote, in Demut, dass sie von dem Unheil, welches über ihnen schwebe, verschont blieben. Und sie mit ihrem Gehorsam dem Höchsten gegenüber nicht leiden oder hungern werden. In diesem, sie überzeugenden Glauben verbrachten sie so ihre müh- und arbeitssamen Tage, bis sie zum ewigen Schlafe sich niedergestreckten.

Ihr Anführer tat ihnen nun immer wieder kund, er passe auf, dass alle dem Ouranos untergeben gehorsam ihr Leben, mit Opfern darbringend, in der Gemeinschaft verbrächten. Dass diejenigen, welche sich dagegen auflehnten, in das furchteinflößend Heiße hinabgestoßen würden.

Es war ein weibliches Wesen, eine »Gaia«, wie man sie nannte, die kundtat, dass sie dieses Heiße nicht ängstige. Denn sie habe erfahren, dass dieses unfassbar Heiße doch etwas abgeben kann, um in warmer Hingabe lebende, aufblühende Wesen zu erschaffen. Sie teilte verkündend den anderen mit, dass diese »Demeter«, wie sie es nannte, durch Wärme alles, was lebe, aufbaue, zum ewigen Wachsen aller. Der Anführer hörte dieses auch. Sein Tanz wurde zu einem »Zyklon«, der alles, was um ihn herum war, anzog. Er sog sie, diese Gaia, immer mitreißender in sich hinein. Sie verfiel dem Heißen immer mehr und fühlte nur noch irgendwie, verschlungen zu werden.

Die Sünderin wird verschlungen
Sünderin, Umwandlung, Auferstehung

Tief, tiefer sank sie dahin. Vergessen dieser brennende Schmerz, dieser qualvolle Begleiter, der immer mehr ihren Odem auslöschen wollte. Sie stieg ein in eine Dunkelheit, mit grauen, lang herunterhängenden Haarsträhnen, und sie verbanden sich mit einem kalten Antlitz, mit großen grauweißschimmernden Augen, die sie unheilvoll, mahnend anschauten. Sie wollten sie ermahnen, erschrecken: »Du bist entstanden, auf dass man dich verschlingen wird, weil du gegen das Unbegreifliche und seinen Boten in Ungnade gefallen bist. Suche dann nur, du Sündige, in dieser unendlichen Weite, wo es alles, wo es aber auch nichts zu geben scheint, dieses Was-doch-sein-könnte, wo es aber sicherlich, wenn du es begreifst, dafür ein Jetzt, ein Dasein geben kann.« Der Schlund kam auf sie zu. Sie vernahm seitlich liegend die langen, spitz zulaufenden Zähne, die sich tief in ihren Körper bohrten. Ihr Inneres aufriss, sodass ihr blutroter Lebenssaft an ihr herunter in das nicht Fassbare floss. Sie sank lautlos, unbekleidet, wie in ihrem anfänglichen Dasein, nieder. Die hungrige Schlange riss weiter ihren

Schlund auf. Sie wurde mit den Füßen voran von ihr würgend verschlungen. Nachdem diese ihre Beute aufgenommen hatte, verfiel sie, sich zusammengerollt, ihr Schwanzende in ihrem Maul verbergend, in einen tiefen Schlaf.

Was war geschehen?

Sie wurde verwandelt, löste sich nicht auf. Spürte eine angenehme Wärme, die sich nicht verlor, nicht der Schlange für deren Leben abgegeben werden musste. Dann vernahm sie ein Gedeihen in ihrer Verwandlung. Es wuchsen ihr Wurzeln, die nach dem Nass im Erdreich hinstrebten. Zusammen mit der lichten Wärme nahm sie immer mehr Form an, wurde zu einer Gestalt.

Ihre frühere irdische Sehnsucht aber, vielleicht wieder ein Stein, eine Pflanze, ein Tier oder gar ein aufrecht gehendes Wesen zu werden, war ausgelöscht, weil nun sicherlich etwas anderes bestimmte, was werden sollte.

Sie begann aber immer mehr zu fühlen, dass diese Wärme das Leben um sie herum werden ließ. Ihre Stoffverwandlungen nutzbringend weiterverarbeitete, in allem, was lebte. In den Wurzeln, Pflanzen, Sträuchern, Bäumen, in den Ästen, Blättern und Blüten, Früchten. In dem Staub der Pollen, die vom Wind an die Erde, das Wasser weitergegeben wurden. In den Tieren, den Wolken, dem Regen überall hin.

Dann erwachte sie, sich in Gedanken umblickend. Schwebend in den wärmenden Sonnenstrahlen, rein wie ein Neugeborenes. Sie fühlte sich stark, sehr, sehr stark! Das Warme in ihr begreifend, was nicht zerstören, sondern aufbauen konnte. Es überraschte sie, dass in ihren Gedanken etwas auftauchte, das sich so anfühlte, wie der Klang einer Sehnsucht oder so ähnlich. Sie blieb überraschend nicht allein. Fand unter den Aufrechten und Begreifenden Anhänger, die auch in diesem Fühlen lebten, mit allen zu teilen, denn sie waren überzeugt, dass man dem anderen auch geben solle, damit auch er weich und warm, wie sie, gedeihen könne. Und diejenigen, die dieses mitfühlten, verbreiteten es weiter, nannten es danach Themis, die ordnende Gerechtigkeit. Doch sie konnte nicht unter den Irdischen ewig verweilen. Sie löste sich auf und verband sich doch wieder mit dem Äther. Die Menschen versuchten, sie zu umarmen. Doch sie war und blieb für immer nicht greifbar. Die bewusst Handelnden hätten sie liebend gerne in ihre Gemeinschaft aufgenommen. Hatten die Sehnsucht danach, sie zu umarmen, sie zu liebkosen und auch sich mit ihr zu vereinen. Mit dem Wunsch, dass sie ihnen zum Blühen geborene Nachkommen schenken werde. Doch diesen Wünschen konnte sie nun doch nicht nachkommen, denn sie wusste von den vorhandenen Unzulänglichkeiten unter diesen menschlichen Wesen. »Nein, nein«, bremste sie deren Drang ihrer Vereinnahmung. »Ich kann euch in euren Sehnsüchten vorangehen, aber nicht mit euch auf immer vereint sein, da ich niemals für euch voll fassbar sein werde.«

Die Begreifenden verstanden sie nicht ganz und nannten sie deswegen die »*Nichtfassbare*«.[33]

Glauben in Demut nach ewigem Leben
Glaube, Gehorsam, Überzeugung

Doch es war für sie, die Begreifenden nicht einfach, diesem zwar sich überall Verbreitenden, aber doch Nichtfassbaren zu folgen. In Angst überkommend hörten sie von ihrem Führer, diesem Boten des Unbegreiflichen, dass sie zum Wohlergehen aller, in Gehorsam zu diesem, weiter ihre Gaben opfern müssten. Sollten sie diesem nicht nachkommen, würden diese dunklen Dämonen kommen, um sie zu strafen.

Ihr Anführer behielt Recht!

Als sie dessen Gebote nicht einhielten, kam für sie, schon ahnend, dieses Böse. Es wurde finster und kalt. Alles Farbige ergraute. Sie mussten hungern, und viele von ihnen starben dahin. Sie flehten und schrien danach, in Gehorsam und Demut das zu tun, was ihnen, von diesem Unbegreiflichen aufgetragen werde.

Der Gottesdiener verlangte mehr von ihnen. Auch

---

[33] Die Nichtfassbare, das Ideal, das Fanal des Miteinanders, der Nächstenliebe, Fraternité, auch der Gerechtigkeit. Für die Gläubigen das Paradies. Die Propheten Zarathustra, Buddha, Jesus als Gottes Sohn, Mohammed, erwähnten es in ihren Verheißungen.

die Opferung menschlicher Wesen. Er wollte jedes Erstgeborene für seinen Opferaltar. Auch dass alle reichlich von dem abzugeben hätten, was sie gesammelt, erarbeitet hatten. In Angst vor diesem schrecklichen, todbringenden Dunklen, gehorchten sie ihrem Führer und Gottesboten.

Doch ihrer Viele konnten durch die hohen Abgaben nicht mehr voll satt werden, obwohl sie schwere Arbeit verrichten mussten. Ihr Gottesbote ließ sie in dem Glauben, dass sie, wenn sie ihr Leben lang arbeitsam und gehorsam, auch dabei hungrig blieben, doch ihrem Unbegreiflichen treu dienten, ein herrliches Weiterleben jenseits ihres Daseins erwarte. Er nannte dies das Paradies. Er machte ihnen auch glaubhaft, dass er als der Diener des Unbegreiflichen den göttlichen Lohn erhalten habe, in seinem irdischen Dasein schon ein paradiesisches Leben führen zu dürfen. Auch habe dieser, in seinen Anbetungen, ihm mitgeteilt, dass er den anderen verkünden solle, was das Gute und Böse sei, was gerecht und was unrecht sei. Denn nur dieser Unbegreifliche wisse dieses.

Die anderen glaubten nun, dass es ein göttliches Gesetz gäbe. Wer diesem folge, so ein ewiges paradiesisches Weiterleben erfahren könne. Es sei alles, was und wie es geschieht, durch die Lenkung dieses Unbegreiflichen bestimmt.

Die menschlichen Wesen mit der Fähigkeit des Begreifens, weiter auch des Herstellens, konnten mit diesem, was sich gottesführend verbreitet hatte, etwas anfangen. Sie gingen auf die Suche. Entdeckten in sich auch den starken Drang, am Leben zu bleiben, weshalb man in Ehrfurcht vor diesem Göttlichen weiterhin auch Leid und Hunger erdulden müsse, um dann im Paradies davon erlöst zu werden. Die meisten fanden dadurch, und waren auch der Überzeugung, dass bei glaubensgerechtem Dasein ihr Gott ihnen gnadenvoll ein schon angenehmes Erdendasein schenken werde.

Doch es kamen auch in bedenklicher Weise Zweifel bei anderen auf! Seltsam für sie, dass ihr Führer und die Seinigen dieses Hoffnungsvolle schon im jetzigen Dasein erhalten hatten. Hieß es nicht, wie der Gottesbote immer verlauten ließ, dass dieses Paradiesische nicht schon irdisch sein konnte? Auch wunderten sie sich, dass er auch nicht die Aufgabe erhalten hatte, bei Not mit den anderen seine überflüssige Nahrung zu teilen. Obwohl er ihnen doch durch seinen Gesang immer zuteil habe werden lassen, dass sie alle gleich, des Unbegreiflichen Kinder seien. Das, meinten sie nun, könne aber nicht gerecht sein!

Einige dachten nach!

Es kam ihnen wieder ein, dass doch diese Nichtfassbare noch da sein musste, irgendwo weiter noch umherziehe. Sie war nicht fassbar, aber doch begreifbar. Sie dachten daran, dass es einigen von ihnen wohlergehend an nichts fehlte, während viele von ihnen, trotz fleißiger Arbeit, an Hunger krank wurden und auch dahinsiechen mussten.

Aber was hatte diese Nichtfassbare doch kundgetan?

Dass mit einem der Kinder des Lichtes und der Erde, der Themis, wenn sie für alle austeilt, auch keiner an Hunger sterben muss. Das war sie, diese befreiende Idee der göttlichen Ordnung des Gerechten.

Wie war dieses aber zu erreichen?

Im hoffnungsvollen Glauben mit seinem Nächsten
Gehorsam, Hoffnung, Liebe

Einige fanden den Mut, trotz Androhung ihrer Tötung, umherziehend allen kundzutun, dass es darauf ankomme, sich zu lieben, nicht zu hassen und auch jeden anderen als seinen Nächsten, seinen Bruder, seine Schwester, wie sie es auch nannten, zu achten. Mit ihnen zu teilen. Auf dass es ihm in seinem Leben auch gut gehe. Vor allem, dass er nicht, trotz Fleiß, Gehorsam und Glauben, an Hunger leiden und sogar sterben müsse. Das sei auch die Sehnsucht dieser Nichtfassbaren, von der sie meinten, diese Botschaft erhalten zu haben.

Ihr Gottesbote, nun auch ihr Beherrscher, hörte auch von diesen Verkündern. Er tanzte wie besessen um seinen Altar und ließ allen verlauten, sein Gott habe ihm mitgeteilt, dass alle die, welche das Böse dieser hellen Dämonin verkündeten, durch die Waffen seiner Kriegsschar sterben müssten.

Er zog mit seinem Kriegerheer aus. Traf aber über-

raschend auch dabei auf einen anderen Gottesherr-
scher mit seiner großen Armee. In einer blutigen
Schlacht blieb der andere, der sich »Kronos«[34] nannte,
Sieger. Dieser gewaltige Heeresführer behauptete von
sich, dass er der Bote dieses Unbegreiflichen sei, der
alles, was ein Dasein erlangt, auch wieder verschlingen würde. Er nahm den unterlegenen Ouranusboten
gefangen. Dieser wehrte sich dagegen. Denn er sei es,
der von dem Unbegreiflichen für alle Ewigkeit auser-
wählt worden sei. Es half ihm nichts. Der Sieger ließ
ihm, damit er nicht mehr mit seinem Unbegreiflichen
reden konnte, seine Zunge ausreißen und warf den
Besiegten den vierbeinigen Ungeheuern zum Verschlingen vor.

Der neue Auserkorene aber zog mit seiner Gefolgschaft in das eroberte Land ein und verkündete, zur
Überraschung aller, die sich ängstigten, dass er nichts
gegen die Brüderlichkeit und dem Glauben an das
Nichtfassbare habe. Denn sein höchster Gottvater
habe ihm in der gewonnenen Schlacht verkündet,
dass er somit weiter der Bote des Unbegreiflichen
bleibe, wenn er gerecht gegenüber den anderen als
Gottes Gesandter herrsche und handele.

Er herrsche nach den Geboten, die ihm der Unbegreifliche aufgetragen habe. Seine ihm in Demut Ge-

---

[34] Kronos, Titan der Götterwelt, Kind des Ouranus und der Gaia,
der Erde. Er schreitet unbarmherzig voran. Verschlingt alles, was
sich ihm in den Weg stellt. Ist unersättlich.

hörigen ihm aber auch das zu geben hätten, was ihm zustünde, was er von ihnen abverlange.

Die Menschen, wie sie sich nun nannten, waren erleichtert. Gingen ausdauernd ihrer Arbeit nach. Sie vertrauten ihm, ihrem jetzigen Herrscher und König, wie er sich nennen ließ, da er ihnen auch nicht verbot, die Gedanken der Liebe und einer gerechten Welt weiterzuverbreiten.

Durch ihr Arbeiten und Herstellen begriffen sie auch immer mehr, zur Erzeugung ihrer lebensnotwendigen Dinge, Hilfsgeräte, genannt auch Werkzeuge, zu erfinden und zu nutzen. Der König und seine Anhänger verlangten aber, dass sie wieder einen großen Anteil ihrer erarbeiteten Güter an ihn abzugeben hätten. Denn er könne ja als Bote des Gottes nicht in Armut leben, da ja der Unbegreifliche ihm sein Paradies auf Erden verkündet habe. Denn er sei, da dieser zu ihm verkündet habe, eins mit Gott und verlange seinen Anteil des Erarbeiteten sowie der Ernte von denen, die das Paradies erst erreichen wollen. Auch brauche er eine große Kriegerschar, um sein gottgewolltes Reich gegen mögliche andere Böse schützen zu können. Er zog mit seinem großen Kriegsheer aus, eroberte andere Länder. Er ließ viele andere töten oder nahm sie gefangen. Verteilte sie als Arbeitssklaven unter den Seinen, welche ihm gehorsam waren. Diese bewunderten und verehrten ihn deswegen, denn sie erhielten dadurch ein leichter zu erduldendes Leben für sich. Auch wurde gesagt, dass diese

Sklaven für sie keine Brüder und Schwestern seien, die man nach den Geboten lieben sollte. Sie seien für sie Tiere, zu ihrem Nutzen. Man ließ diese Arbeitstiere die schwersten Arbeiten verrichten, sodass sie nach kurzer Zeit meist in Siechtum verfielen und starben.

Doch auch unter diesen »Nutztieren« waren welche, die begriffen hatten, dass der Glaube nach Gerechtigkeit auch für sie gelten müsse. Sie verbrüderten sich, gewannen immer mehr Anhänger und zogen bewaffnet über das Erdreich, auf der Suche nach ihrer Heimat, der Themis. Doch alle fanden meist in blutigen Feldschlachten ihr Ende.

Hauchten ihr Leben in Qualen aus und spürten auch noch in ihren letzten Atemzügen, dass diese warm leben Wollende, aber Nichtfassbare, davonflog.

Ob sie jemals wieder zurückkommen würde?

Viele der Menschen vergaßen sie. Sie gaben sich, auch durch Überlegung, ihrem Glauben und dem abverlangten Fleiß und der Treue zu ihrem Gottesboten, ihrem König hin. Denn sie hingen sehr an ihrem Erdendasein, vor allem dann, wenn es ihnen in ihrer Existenz nicht schlecht ging.

Ein Herrscher, ein Gottgewollter
Herrscher, Machttrieb, Aufruhr

Es geschah aber in Frankreich Ende des 18. Jahrhunderts, dass dieser König den Drang in sich hatte, als

Gottesbote gleich zu werden mit dem, den er anbetete. Er verlangte immer mehr von seinen Hörigen, seinem Volk, wie sie nun genannt wurden. Nannte sie auch Untertanen, die nur die von ihm verkündeten Rechte besitzen durften. Er war oberster Richter, entschied, was rechtens sei, was und wer leben durfte, in seinem Interesse.

Viele seiner Untertanen erhielten auch immer weniger von dem, was sie erarbeitet hatten. Der Hunger hielt Einzug. Ließ erst die Schwächsten und Kranken sterben. Mit dem Aufkommen der kalten Jahreszeit starb dann auch eine hohe Anzahl der anderen. Die noch am Leben waren, sahen aber auch, dass ihr König und sein Hofstaat keinen Hunger zu leiden hatten. Sie hatten alles noch in Hülle und Fülle zum Leben. Ein Aufschrei nach einer gerechten Verteilung erscholl aus Tausenden von Menschenkehlen. Sie sammelten sich, kämpften die den König schützende Kriegerschar nieder, töteten den gottgesandten Botschafter und viele seiner Gefolgsleute.

Der Sieg war der ihre geworden!

Da sie begreifende Wesen waren, entwickelten sie einen Lebensplan, der für alle gelten sollte. Es kam ihnen erst etwas seltsam, dann aber doch wundersam vor, die Nichtfassbare, die den warmen Hauch des Miteinanders verströmte, tauchte mit einem Mal wieder auf. Sie meinten auch, so etwas wie eine Stimme zu vernehmen, die da Laute von sich gab, wie diese: »Ihr Menschenkinder schafft nun eine Erde, auf der alle gleich satt werden und ihr euch untereinander wie liebende Brüder und Schwestern vereint.«

Sie dachten darüber nach.

Sie wollten keinen von Gott gesandten Boten, König, mehr haben, dem sie zu gehorchen hatten. Sie wollten auch keine Untertanen, keine Leibeigenen, Sklaven mehr sein, sondern sich frei in ihren eigenen Vorstellungen entfalten. Auch sollten alle Menschen nach von ihnen selbst verfassten Regeln gleichbehandelt werden, um in gegenseitiger Achtung ein Leben führen zu können.

Dieses verbreitete sich überall hin. Ein Fanal genannt, mit den Wortinhalten von Freiheit, Gleichheit, Brüderlichkeit, breitete sich aus. Doch es fand noch nicht überall Anklang.

Diese Forderungen waren nun ihre Ideen, die aber noch für ihr Dasein zur Anwendung, zur Verwirklichung kommen mussten.

Ja, und diese Umsetzung war noch ein schwieriger Weg. Es musste etwas Neues aus der Sehnsucht der aufrechtgehenden, bewusst handeln Könnenden aufgebaut werden.

Es gelang mit der Zeit auch, und es wurde Demokratie genannt.

Die Nichtfassbare, welche die Menschen zur Gerechtigkeit ermahnt hatte, überflog alles und erfasste auch, dass die Menschen untereinander nicht gleich waren. So in ihrer Natürlichkeit, ihren Gefühlen, ihrem Denken, in ihrem Streben, ihren Fähigkeiten und auch ihrem Verhalten.

Konnte dieses alles in dieser hoffnungsvoll beginnenden Gesellschaft aber berücksichtigt werden?

Geistiges Handeln in Eigennutz
Ungleichheit, Eigennutz, Ausbeutung

Wie sollte nun aus dieser Verschiedenheit eine allgemeingültige Gerechtigkeit entwickelt werden?

Die Menschen verlangten voller Sehnsucht einen Hinweis von ihr, dieser Nichtfassbaren! Könnte er sich aus den Losungen von Freiheit und Gleichheit entwickeln? Sie hielt inne. Ein seltsam wirkendes Beben entstand in ihrem warmen Hauch, und sie vernahm etwas Helles, das Laute von sich gebend ausrief: »Geh zurück, zu dem, was immer war, was endlos und damit wirklich zu sein scheint und es aus diesem Grunde übernehmend an Gerechtigkeit nicht fehlen wird. Denn, was dieses Ewige gedeihen lässt, aber auch, was es nicht leben lässt, dieses ist wahr und damit unendlich ein Naturgesetz, das vernünftige Recht.«

Sie fühlte, davon überzeugt zu sein!

Doch was war das?

Ganz weit hinter ihr, erst als winziger dunkler Punkt, dann immer mächtiger werdend, tauchten, wie aus der Vergangenheit, Aufrechtstehende auf mit erhobenen Armen und geballten Fäusten. Tausendfach und mehr, ihre Körper alle meist ausgemergelt mit fahl erscheinender, blasser Haut. Aufbrausend im Chor schrien sie etwas, und es klang wie:

»Aufwachen für alle. Gleichheit für alle!«

Doch dieses Sein und doch nicht Dasein, dieser Unbegreifliche, lachte spöttisch auf, als er den aufbrausenden Gesang vernahm. »Es ist doch immer schon so gewesen, dass dieses, was erscheint, nur sich erhalten kann, wenn es sich gut anpassen konnte. Wer seid ihr, die ihr euch nicht anpassen konntet? Ihr habt in dieser Ewigkeit kein Recht auf ein Gedeihen. Denn dieses Ewige hat euch eures Elendes wegen gezeigt, dass ihr es nicht verdient habt zu existieren, zu gedeihen. Wenn ihr euch richtig angepasst hättet, dann wärt ihr kraftvoll erscheinend aufgeblüht und hättet euer Dasein als gerecht erlebt. Denn dieses Ewige entscheidet immer, was richtig ist. Ihr müsst nur von ihm lernen und seine Wirksamkeiten annehmen.«

Ein Raunen ging durch die Massen, und es wirkte so, als wenn sie ihren aufrecht gerichteten Marsch stiller werdend beenden wollten. Doch sie marschierten weiter. Diese elend dreinschauenden, nicht angenommenen Geschöpfe. Ihre Zahl wuchs immer mehr an.

Sie sprachen jetzt untereinander viel, denn sie hatten gelernt, ihre Laute immer besser in Worte formulieren zu können.

Ja, und es waren auch viele an der Zahl unter ihnen, die nachdachten über das, was dieser Unbegreifliche, dieses Ewige von sich hatte lauten lassen. Ja, sich anpassen zum guten Gedeihen, sich aufblühend sehen, dabei auch den Nächsten nicht vergessend, das konnte doch nicht schlecht sein. Die Natur zeigte es ja. Auch wenn man bei eigener guter Anpassung dem anderen überlegen war, dann wurde es einem trotzdem warm und man konnte sich prächtig entwickeln. Es war doch wichtig, dass man ein eigenes glückliches Dasein besaß. Der andere konnte ja auch diesen Weg gehen. Und blieb er etwas zurück, wurde er schwach, dann gab man ihm ein wenig von dem, was man im Überfluss hatte. Diese Rücksicht nannten sie dann später auch ein Almosen. Der von dem Ewigen Gott angenommene Wohlhabende gab dem Ärmeren ein kleines Stück von seinem prachtvollen Gewande ab, so wurde es poetisch als Gerechtigkeitsideal, als Nächstenliebe besungen und auch gepredigt.

Ja, so ließ es sich doch gut leben. Jeder hatte die Freiheit, durch gute Anpassung, entsprechend seinem Streben, sich großartig entfalten zu können. Dem Unbegreiflichen zollte man dann auch deswegen eine große Zuneigung.

Man fand heraus, dass man durch die Aneignung dessen, was andere erarbeitet hatten, den Weg einschlagen konnte, all dies zu erhalten, um in seinem Erdendasein ausreichend leben zu können. Man erhielt genügend Nahrung, baute sich Behausungen, in denen es warm war. Strebte danach, dass die eigenen Interessen auch von den anderen angenommen werden konnten. Immerhin gab man ja einen Teil von dem, was sein Eigen war, den anderen ab.

Doch es gab Mahner, die sagten, durch den Kampf, der Bessere, der Stärkere sein zu wollen, kämen wir wieder in den Urzustand zurück, wo der Erfolgreiche immer den Schwächeren verschlingt. Wir könnten begreifen und dadurch lernen, dass dieses Streben zur eigenen Anreicherung doch nicht gerecht sein kann. Wir Menschen seien durch Wissen befähigt, uns ein Gebäude, ein Zuhause zu schaffen, in dem festgelegt wird, dass man trotz Eigenliebe Regeln schafft, nach denen der eine nicht als Starker und der andere als Schwacher leben muss. Es solle so gehandelt werden, dass dies vernünftig, wie es hieß, festgelegt wird. Auch wenn es menschliche Unterschiede in ihren Fähigkeiten, in den Leistungen gibt. Es solle keiner mehr über den anderen herrschen Es sollten alle satt werden und nicht des Hungers leiden müssen.

Aber wer könnte dieses, was auch gerechtes Dasein genannt wurde, zu seiner Einhaltung kontrollieren? Sie warteten auf eine Antwort. Aber es erklang keine Stimme, weder von diesem Unbegreiflichen noch von der Nichtfassbaren.

Es bleiben immer Gewinner und Verlierer
Gerechtigkeit, Begreifen, Vernunft

Es muss denen überlassen werden, die sich von ihrem Dasein in der Vorzeit durch ihr Aufrichten, dem Begreifen und Handeln gelöst haben. Sie betrachteten sich in einem großen Spiegel und riefen freudig: »Dieses sind wir ja selbst! Wir Menschen!« Die sich nun auch als Vernunftbegabte bezeichneten. Wir wissen, was gestern war, was heute ist und auch, ist es nicht wunderbar, was morgen sein könnte. Das, was in der Vergangenheit war, dieses Dasein, hat den Menschen, die sich dagegen aufbäumten, nur den Egoismus und Neid, somit den Krieg jeder gegen jeden gebracht, anstatt eine Gerechtigkeit und Nächstenliebe.

Auf, auf nun, ihr Menschen, lasst uns, geleitet von unserem Begreifen, unserem Wissen, ein Leben untereinander aufbauen nach vernünftigen Ideen. Die Wissenden unter uns sollen dann unsere Führer sein. Wir gebrauchen zwar auch weiter für sie die Bezeichnung »Alleinherrscher oder Monarch«. Doch das kann nur derjenige sein, welcher mit hohem Wissen über die Angelegenheiten der Bewohner die Entscheidungen festlegt und auch lenkt. So wird es vernünftig und damit richtig sein. Wir nennen ihn den Alleinherrscher, den Wissensfürsten, den weisen Monarchen. Sicher wird diese Person auch diesem gefallen, der für die Menschen als ihr Unbegreifbarer unerreichbar wirkt.

Eine große Zustimmung machte sich breit. Jeder hatte nun die Möglichkeit, frei entscheidend sich entfalten zu können. Seine Ideen durch seine Begabung und Leistungen so umzusetzen, dass er ein glückliches Leben, auch ein materiell sattes Leben führen konnte. Seine Grenzen sollten nur darin bestehen, dass sein Handeln in der Verpflichtung bestand, dem zu versagen, was einem vernünftigen, friedlichen Zusammenleben schädlich sein könnte. Ja, und der König oder Kaiser sollte darin einer der Vernünftigsten sein. Einige sehr hoch angesehenen Menschen formulierte dieses: »Handele so, dass dein Handeln zum Leitsatz aller anderen, ein Gesetz werden kann.«[35]

Im Volksmund kam dieser kategorische Imperativ auch gut als Sinn für ein Leben an: »Was du nicht willst, das man dir tu, das füg auch keinem anderen zu.«

Das könnte doch ein ewig gültiger Grundsatz sein! So breitete es sich unter den Menschen aus.

Ja, und dazu schrieb, zeitlich etwas vorher, dann noch ein anderer weiser Mensch, dass man, wenn man erreichen wolle, den Monarchen, die Aristokraten von der Vernunft her kontrollieren zu können, dieses über einen Gesellschaftsvertrag, contrat social[36], verbindlich festlegen solle. Dann hätte das Volk, Sou-

---

[35] So formuliert von dem Philosophen Immanuel Kant als Vernunftlehre mit dem Kategorischen Imperativ.

[36] Jean J. Rousseau, 1712-1778, französischer Schriftsteller, materialistischer Philosoph der Aufklärung. Vorbild die Natur. Begründer des »contrat social«-Gesellschaftsvertrages. »Macht alleine darf nie Recht bilden. Grundlage einer rechtmäßigen Herrschaft muss auf Übereinkunft, durch freie Zustimmung aufbauen.« (vgl. Lit. H. J. Störig, Kleine Weltgeschichte der Philosophie, S. 388 f.)

verän, eine verbindliche Möglichkeit der politischen Mitbestimmung. Mit dem Konzept, dass die Staatsgewalt dreigeteilt und voneinander unabhängig in eine gesetzesbeschließende, ausführende und juristisch unabhängige, also nur an das Recht und Gesetz gebundene Instanz sein müsste.[37]

Oh, es klang alles verheißungsvoll: Es sollte ein freiheitliches Entscheiden, eine Gleichheit und sogar einen Herrscher in weiser Gefälligkeit geben.

Doch was war das?

Wer reich und mächtig war unter den Menschen, wurde meist immer vermögender und mächtiger, und es war, auch wenn es nicht zu glauben war: Die Armen wurden immer ärmer und siechten tausend-, zigtausendfach so dahin. Dann kamen noch die bitterkalten Tage hinzu. Es gab keine Wärme, und die Nahrung wurde immer weniger.

Das Sterben, als Sensenmann dargestellt, hielt reichliche Ernte.

Die Nichtfassbare erwachte aus ihrem tiefen Schlaf und breitete sich unter den Menschen, ob arm oder reich, aus. Ein Sturm, ein Orkan brach los, wie eine gewaltige Melo-

---

[37] Charles Montesquieu, 1689-1755, französischer Philosoph der Aufklärung. Begründer der staatlichen Gewaltenteilung. Beeinflusst von den englischen Philosophen D. Hume, 1711-1776; J. Locke, 1632-1704. Die Monarchie sollte damit aber nicht abgeschafft werden, da die Menschen einen weisen Herrscher benötigen (ders. S. 373 ff.).

die, und sie sangen: »Wir brauchen Liberté, Égalité und Fraternité für uns, für ein gerechtes Dasein.«

Der Monarch ist tot! Es lebe die Demokratie! Das Volk bestimmt nun, wie sie es, ihre Freiheitsfahne, der Trikolore, auf den Barrikaden schwingend, laut verkündeten.

Nach langem Kampf, mit blutigen Verlusten unter ihresgleichen, erreichten sie es, sich ein Gebäude, eine Heimstätte zu bauen, in das dann ihre, vom Volk auf Zeit gewählten Vertreter entsandt wurden, welche die gerechten Regeln, Gesetze genannt, beschließen und ausführen sollten. Es gab nun eine gesetzgebend beschließende, ausführende und rechtende Machtverteilung. Das Ideal dieser Demokratie, wie die Menschen es auch schon einmal in den griechischen Stadtstaaten und danach in Rom ausprobiert hatten, wurde erbaut. Es sollte mit der Sehnsucht der Freiheit, dem Schutze des Einzelnen, auch mit dem, was er besitzt, der Gerechtigkeit durch sicheres Dasein aufgebaut werden. Auch mit der Möglichkeit, eine Unterdrückung von Menschen durch andere zu bekämpfen, zu verhindern.

Es hieß dazu in einem großen aufstrebenden Land, den USA, dass die Würde des Menschen unantastbar sei. Damit diese, bis dahin Nichtfassbare, in wärmendem, lebensbejahendem Licht sich überall wohlfühlen sollte.

Eigennütziges, freiheitliches Handeln
Aneignung, Ausbeutung, Aufstand

Diese Freiheit war köstlich. Sie ließ sich gut mit dem Streben nach immer mehr Erforschen, Wissen verbinden. Gab dem Einzelnen den Ansporn, zu überlegen, was er Neues erfinden und herstellen könnte, zum immer besser werdenden Erdendasein. Damit hatten einzelne auch die Idee, dass man mit dem, was andere erarbeitet, erzeugt hatten, doch durch dessen Erwerb einen großen Teil für sich behalten und es dann gewinnbringend als notwendiges Produkt unter den Menschen verkaufen könne. Mit der Zeit erkannte man immer mehr den Vorteil, nicht mehr Produkte gegen andere Produkte zu tauschen. Es wurden nun die angebotenen Sachen, auch Waren genannt, mit einem Ersatz, einem Äquivalent, getauscht, dieses man Geld nannte.

Mit großem Erfindergeist fand man heraus, dass man diejenigen, die diese Produkte herstellen, diese nicht mehr besitzen lässt, sondern sie so produzieren lässt, dass sie dafür eine Entlohnung zum Existieren erhalten. Das erarbeitete Produkt sollte aber ausschließlich dem gehören, der es an andere veräußern, vermarkten will.

Oh, es waren aufbauende Ideen, die nun verwirklicht wurden.

Diejenigen, die so handelten, wurden später als Unternehmer, auch Kapitalisten bezeichnet, und diejenigen, denen man für ihre Leistungen ein Arbeitsentgelt bezahlte, waren die Arbeitnehmer, bezeichnet als Proletarier.

Es war herrlich, eine solche Situation erreicht zu haben. Die Nichtfassbare wiegte sich mit, in ihrem warmen Glücksgefühl. Tanzte mit den warmen Sonnenstrahlen im Reigen. Andere geisterhafte Wesen kamen hinzu, fassten sich an den Händen, wiegten sich im Rhythmus mit fröhlichem Gesang, gemeinsam im Glücksgefühl sich wiegend.

Ja, was hatte man erreicht, um so im Überschwang zufrieden zu sein?

Die Freiheit war es, jeder hatte nun die Möglichkeit auf freie Gestaltung seines Lebens. Das konnte ja nur richtig sein! Aus dem, dass alle entsprechend einer herrschenden Idee gleiche Rechte hatten, war es nun möglich, dass man das, was man das Schlechte nannte, aussondern konnte. Wer sich nicht daran hielt, also durch eigenes Schuldverhalten die Gesetze verletzte, der konnte nach den bestehenden Regeln in seiner persönlichen Freiheit eingeschränkt werden oder kein Recht mehr auf ein Leben haben.

Der Rücksicht auf seinen Nächsten, die Nächstenliebe, auch für das Wohl des anderen zu sorgen, wurde durch die Entlohnung der Arbeitsleistung des Einzelnen genüge getan, so sagte man. Auch wenn es weiter Wohlhabende und Ärmere gab, so konnte doch durch die Bezahlung der erbrachten Leistungen jedermann satt werden. Auch wenn viele der Menschen ein bescheidenes Einkommen hatten.

Ja, und all diese Regeln sollten kontrolliert werden von den vom Volk mit Mehrheit gewählten Vertretern, deren Einrichtungen sie Parlament, Regierung, Gerichte nannten. Nach ein paar Jahren sollte dann wieder durch Wahlen neu entschieden werden, wer diese Funktionen weiter ausführen durfte. Dies waren die Prinzipien des demokratischen Systems.

Die Nichtfassbare erfüllte dies alles mit Wohlwollen, und sie hatte auch das Gefühl, dass es vielleicht doch etwas »Unbegreifbares« geben musste, welches den Erdenbewohnern gut gesonnen sei. Ja, und diese Idee einer gerechten Welt war doch nun zum Greifen nahe, so erahnte sie es, diese Nichtfassbare.

Sie verbreitete sich immer weiter um den Erdenball, wurde von vielen der ehrlichen, aber auch von Menschen mit eigensinnigen Absichten hofiert, umarmt, liebkost. Es war herrlich für sie, auf den vielen Hochzeiten sich im Tanze zu schwingen.

Doch was war das! Dies konnte doch nicht sein! Das Grauen, meist verursacht durch die Neigungen der Selbstverwirklichung Einzelner, behielt weiterhin die Oberhand. Es folgten Schlag auf Schlag furchtbare Kriege. Darin immer steigernd mit weiterentwickelter Waffentechnik. In kürzester Verwendung wurden damit Tausende von Menschenleben, Landschaften, Städte vernichtet. Die Untertänigkeit, die Leibeigenschaft, die Sklaverei, die Ausbeutung hatten weiterhin Hochsaison.

Ablösung der Gewinner durch die Verlierer

Doch als die Nichtfassbare eines Abends, trunken und mü-
de geworden, sich zur Ruhe begeben wollte, fiel ihr weit,
weit weg ein dunkler Schimmer auf. Es musste wohl dieser
Unbegreifliche sein, der es wieder leuchten, donnern und
regnen lässt, dachte sie. Doch seltsamerweise vernahm
sie auch ein Stimmengewirr, welches immer mehr zu
einem machtvollen Gesang anschwoll. Ja, und dann
sah sie ein Heer von Menschen auf sich zukommen,
die vereint sangen: »Wir wollen Arbeit und Brot!«
Doch auch klang es vorwärtstreibend herüber: »Auf,
auf, Verdammte dieser Erde … Sprengt eure Ketten …
Erringt die Macht.« Was war geschehen? Warum waren diese Menschen, vom Antlitz her ausgezehrt und
vom Äußeren armselig anzusehen, so voller Zorn?

Eine Stimme, woher sie kam, wusste sie nicht so
genau, raunte ihr zu. Das waren sie, die Leibeigenen,
die verarmten Bauern, die Proletarier und viele dem
Hungertod Geweihten, die sich wie ein Orkan in großer Zahl, da sie ihr Elend, Hungern, Dahinsiechen, die
Kriege nicht mehr ertragen konnten, zusammenge-
schlossen haben. Sie wollten den Frieden auf Erden,
ausreichend Arbeit und Nahrung bekommen. Ja, und
es klang immer lauter der Wunsch nach einem Leben
ohne Knechtschaft, ohne Ausbeuter in einer gerechten
Welt. Der Herrscher, genannt auch Zar, befahl, diesen
Protest, der an sich recht friedfertig verlief, niederzu-
metzeln. Von seinen Soldaten wurde daraufhin ein

schreckliches Blutbad angerichtet. Doch dies fachte den Aufstand noch weiter an. Es entzündete sich immer mehr eine Revolution, mit einem weisen Führer. Der auch einen Plan, ein Konzept für den Aufbau einer »neuen Gesellschaft« entwickelte[38].

Mit Wissen, hergeleitet von materialistischen Philosophen, dazu angemessenen Handlungen, sollte nun eine gerechte Welt entstehen. Keine Ausbeutung anderer mehr stattfinden. Ein Arbeiter- und Bauernrat als Parlament, genannt Volksversammlung, mit einem Führungsrat. Mit dieser Überwindung der bestehenden, ungerechten Welt hatten sich schon Jahre vorher viele andere Menschen, meist Philosophen, beschäftigt. Sie begriffen, dachten nach und entdeckten, dass die Menschen sich untereinander entfremdet hatten. Es gab danach schon seit jeher zwei Gruppen von Menschen mit widersprüchlichen, auch nicht zu überwindenden Interessen. Eine Gruppe machte sich immer die Arbeitsleistungen der anderen zunutze, um so sich zu entfalten, ein angenehmes Leben anzustre-

---

[38] Diktatur des Proletariats, Begriff von Marx/Engels. Geprägt, inhaltlich entwickelt, angewendet von W. I. Lenin; russischer Jurist, Philosoph, Revolutionsführer. Angewandt als Staatsführungsprinzip zum Aufbau einer sozialistischen, übergehend zur kommunistischen Gesellschaft. Mit diesem sollte auch das Fühlen, Denken, Handeln der Menschen verändert werden. Weg vom eigennützigen, selbstverwirklichenden, hin zu einem gemeinnützigen Miteinander, solidarischen Verhalten. Es waren die Paradigmen, durch hohes Wissen sich gemeinschaftlich zu engagieren, zu handeln.

ben, aber auch, um mächtiger zu sein als die anderen. Diese klug Nachdenkenden nannten diesen Zustand eine Klassengesellschaft. Der anderen Klasse, die ihre Arbeitskraft anbot, gehöre nicht das Erarbeitete. Sie verkauften nur ihre Arbeitsleistung an den Produkteigner.

Die Veränderung, die Befreiung davon, könne nur gelingen, wenn die ausgebeutete Klasse die Macht erringen und durch ihre Regeln gesellschaftliche Zustände schaffe, nach denen kein Einzelner mehr sich die erarbeiteten Werte persönlich aneignen dürfe. Diese nun allen gehören müsse. Diese nur mit Regelung der Regierung, in Gleichheit für alle, verteilt werden solle. Sie nannten es die sozialistische Planwirtschaft. Sie sollte dann in eine kommunistische Gesellschaft einmünden, die so gerecht sei, dass jeder nach seinen Fähigkeiten und Bedürfnissen ein zufriedenstellendes Leben im Einklang mit anderen verbringen könne.

In diesem Land, Russland, sollten nach dem Aufstand, der Revolution, der dort lebenden Menschen, diese Theorien verwirklicht werden.

Es gab nur noch eine einzige arbeitende, planmäßig Werte schaffende und die Güter verteilende Gesellschaft. Keine mit entgegengesetzten Klassen mehr. Die Regierenden ließen Pläne anfertigen, was erarbeitet, produziert werden und wie es zum Wohle aller umverteilt werden sollte. Zur Überwachung galten nunmehr anders formulierte demokratische Prinzipien, bestehend aus einem Arbeiter- und Bauernrat als Vollversammlung. Sie wurde erweitert durch den Rat und deren Vorsitzenden zur Machtausübung. Bestehend aus Revolutionären der kommunistischen Partei. Erdacht als Zwischenlösung, in der Entwicklung vom Sozialismus hin zum kommunistischen Gesellschaftssystem. Damit diese geschaffenen Zustände auch eingehalten wurden, sollten nur überzeugte und aktive »Parteigenossen« als einzige die politische Macht ausüben und regieren. Man nannte es die Diktatur des Proletariats in einem demokratischen sozialistischen System.

Einzelherrschaft durch den Sieg der Verlierer
Personenmacht, Sozialstaat, Gerechtigkeitsausgleich

Die Nichtfassbare nahm diese Umwandlung erstmal mit begeisterten Gefühlen wahr. Auch wenn es andere gab, die mahnend darauf verwiesen, dass man keine Revolution benötigte, weil die Menschen, durch ihre Fähigkeiten zu denken, auch mit vernünftigen Ideen die Gesellschaft voranbringen könnten. Sie meinten, dass es auch gerecht wirkende Veränderungen durch Reformen, also ohne Revolutionen, geben könne.

Nein, fiel ihr so ein. Das qualitativ Neue hat zwar das vorher Einzelne in sich, aber es ist doch immer mehr als das bis dahin Existierende. Gebt doch diesen ihre Chance zum Aufbau von etwas Neuem, so einer gerechteren Welt. Die

Nichtfassbare wartete ab. Machte sich dann nach einiger Zeit auf die Suche. Überflog diese Länder. Wie sah nun das Leben in dieser so bezeichneten sozialistischen Gesellschaft aus?

Die Gerechtigkeit besang sich jubelnd. Ja, wir haben sie! Es wird austeilend allen das gegeben, damit keiner mehr des Hungers leiden, sterben müsse. Dazu ausgleichend gibt es für alle gleich geltende Gesetze. Die Nächstenliebe zeigt sich darin, dass Eigennutz und Neid auf den anderen nicht mehr relevant sind. Man nannte dieses, weil nun Solidarität unter den Menschen herrschte, eine Solidargemeinschaft. Für jeden Einzelnen sollte auch ein Recht auf Arbeit gelten.

Haltet ein, haltet ein, so tönte es auf einmal.

Es war die Freiheit. »Ihr habt mir nun den Atem genommen, mich und meine Ideen frei entfalten zu können!« Das war ein berechtigter Einwand.

Doch ein glühender Verfechter des Sozialismus rechtfertigte: »Wir gehen jetzt mit dem Begreifen und dem Wissen voran. Es wird ja ein Plan entwickelt, der dann zum Wohle aller sein soll. In diesem ist mit wissenschaftlicher Erarbeitung aufgezeichnet, was notwendig ist. Das zu erarbeiten, was die Menschen und auch andere Lebewesen zur Existenz ihres Daseins brauchen. Auch was zu deren Fortschritt beitragen kann. Jeder kann entsprechend seinen Fähigkeiten daran mitwirken und wird dann, bezogen auf seine Leistungen, eine Entlohnung erhalten. Aus dem vorherigen Grundsatz, eigennützig zu handeln, ist nun eine Gemeinnützigkeit erblüht. Das riesige kreative Potenzial, das die Menschen durch ihr Begreifen aufbauen können, kommt nun allen zugute.«

Ja, und der Ansporn, wie bisher, durch seinen Eigensinn der Beste, der Fähigste, nicht nur alleine damit vermögend, auch im Gesamten qualitativ eine Veränderung zu erzeugen, wie wollt ihr dies, da verdrängt, ausgleichen?

»Er wird dadurch ersetzt, dass man im Leistungs- und Erfindungswettbewerb unter den Schaffenden diese nicht nur verehrend hervorhebt, sondern sie auch materiell prämiert.«

In dieser Art und Weise fing man an zu gestalten. Die Regierenden – deren Vertreter ja nun aus der Arbeiterklasse hervorgingen – wachten strengstens darüber, dass nun alles der Entwicklung einer sozialistischen Gesellschaft diente, deren Recht aber auch die Menschen ideologisch subjektiv in anderer Art und Weise beeinflusste. Ein »neuer Menschentypus« sollte daraus hervorgehen mit hohem Wissen, hoher Überzeugung und Solidarität. Es kam sogar die Losung auf: Plane mit, handle, regiere mit, aber immer unter der Regie der »Diktatur des Proletariats«.

Aber was entdeckte zu ihrem Entsetzen die Nichtfassbare nach einigen Jahren? Die Regierenden bezeichneten sich nun selbst als die absolut konsequentesten, und dass sie in unfehlbarer Art Diener des sozialistischen Aufbaus seien. Sie wüssten genau, wie nun der richtige Weg sei, um den Sozialismus und weiterführend die kommunistische Gesellschaftsform aufzubauen, damit jeder nach seinen Fähigkeiten und auch Bedürfnissen sein gerechtes und sicheres Leben gestalten könne. Alle anderen, und es waren nicht wenige, die eine andere Meinung, auch konstruktive, für die gesellschaftliche Entwicklung hatten, wurden als deren Feinde abgetan, meist abgeurteilt, in Gefängnisse geworfen, verbannt oder sogar getötet. Das war natürlich konträr gegenüber allen freiheitlichen Ideen. Viele dieser Kritiker waren prinzipiell auch nicht gegen die sozialistische Gesellschaftsform. Sie wollten, dass es mit einer Akzeptanz anderer Meinungen demokratischer ablaufen sollte. Mit der Festlegung einer Kontrolle der vom Volk gewählten Vertreter über die Regierenden, die Staatsmacht, wie sie diese bezeichneten.

Es geschah aber nicht so, und der Nichtfassbaren kamen vor Traurigkeit die Tränen in ihre sanften Augen.

Einzelne übernahmen in vollkommener Herrschaft das Regieren. Wer ihnen nicht genehm war, der wurde ohne Rücksicht beseitigt. Es wurden Millionen von Menschen so ihres Lebens beraubt.

Ein Alleinherrscher gewann dann noch den mit menschlich fast unbegreiflich hohem Blutzoll geführten Verteidigungskrieg gegen einen anderen Diktator, sodass er seine politische Machtfülle gewaltig ausbreiten konnte. Er herrschte so wie ein Cäsar bis zu seinem Lebensende uneingeschränkt. In Schauprozessen wurden seine Kritiker abgeurteilt, vernichtet. Er nannte sich Josef Stalin[39], auf Deutsch »der Harte«.

Doch die Menschen wehrten sich immer wieder. Riesige Volksscharen begehrten auf. »Denn wer hatte schon gerne einen Stiefel in seinem Gesicht«, wie es ein Dichter formulierte. Doch aller Widerstand wurde immer wieder mit dem Soldatenheer unter Waffengewalt niedergeschlagen. Viele Menschen verloren dabei ihr Leben.

Nach vielen, vielen Jahren geschah doch der Umbruch. Einer der Führer, Michail Gorbatschow[40], in dem Land, in welchem die Revolution gesiegt hatte, ging mutig voran. Er sah auch, dass die meisten Menschen durch die Planwirtschaft mit dem Bedarf an Nahrungsmitteln nicht ausreichend versorgt wurden. Er vernahm den Unmut seines Volkes und machte nun den Versuch, durch politische Veränderungen, annähernd den demokratischen Grundlagen, bessere gesellschaftliche Situationen zu schaffen. Er nannte

---

[39] Josef W. Stalin, Synonym: Der Stählerne, 1878-1953, Revolutionär, Diktator der UdSSR, Sieger über A. Hitlers (1889-1945) Vernichtungskrieg (2. Weltkrieg). Ließ Abertausende seiner Kritiker ermorden.

[40] Michail Gorbatschow, geb. 1921, Staatsführer, UdSSR, Reformer mit den Grundsätzen, das sozialistische Gesellschaftssystem durch Reformen (Glasnost, Perestroika) demokratisch zu gestalten. Entmachtet durch seinen Gegenspieler, Staatsführer Jelzin, der die sozialistische Planwirtschaft 1991 vollkommen beendete.

diese in seiner Sprache »Glasnost« und »Perestroika«. Das bedeutet: Offenheit und Umgestaltung.

Seine Ideen entzündeten sich unter anderen Völkern, die nach mehr Selbstständigkeit, Souveränität strebten. Die Völker erwachten! Verließen meist den Weg des sozialistischen Aufbaus. Sie gingen dazu über, die demokratischen Prinzipien der freien Wahlen, der Meinungs- und Redefreiheit, Entfaltung der Freiheit zu reisen sowie des Eigennutzes zum Ansporn des wissentlichen Handelns einzuführen.

Die Nichtfassbare übersah aber dabei nicht, dass es nicht mehr so maßgebend war, eine gerechtere Welt zu erreichen.

In ihrem Umherstreifen überfliegend die Länder, fiel ihr eines davon ins Auge. Staunend überblickte sie, dass dort Regierende, die durch das Volk gewählt worden waren, mit ihren Ideen zum Aufbau einer gerechter zugehenden Gesellschaftsform, sogar im Erhalt des Freiheitsgrundsatzes, schon ein stabiles Fundament errichtet hatten. Dieses Land war, zwar noch zweigeteilt, die Bundesrepublik Deutschland. Deren Staatsmacht nannte diese die Soziale Marktwirtschaft, entwickelt mit einem Rechtstaatssystem[41]. In Notlagen vieler Art und Weisen sollten über den Staatsapparat entsprechend Hilfe geleistet werden.

Was beinhaltete diese?

---

[41] Artikel 20 Grundgesetz (GG): Deutschland ist ein sozialrechtlicher Bundesstaat.

Das ausführende Gesetzesorgan sollte eine ausgleichend gerechte, aber nicht für alle austeilende Funktion einnehmen. Da man Bedenken hatte, dass die reine Verteilung dahin führen könnte, dass jeder sich vom Staat versorgen lasse und die kreative Eigeninitiative ihre Gültigkeit verlieren könnte, tastete man das Handeln zum Eigennutz, die freie Entfaltung der Persönlichkeit und auch das wirtschaftliche System des privaten und zu verwertenden Eigentums an den erarbeiteten Produkten nicht an.

Im Falle, dass doch Situationen eintraten, in denen der Weiterverkauf der Waren ins Stocken geriet oder einbrach – genannt Wirtschaftskrisen –, sollten die zuständigen Verwaltungsstellen entsprechend dem schon oben beschriebenen Solidarsystem denen, die durch Krankheit, Arbeitsunfall, Behinderung oder Alter nicht mehr in der Lage waren zu arbeiten, eine finanzielle Unterstützung, genannt auch Rente, gewähren. Doch diejenigen, welche man diesen Ausgleich nicht zuteilwerden lassen konnte, sollten gerechtigkeitshalber auch eine finanzielle Unterstützung erhalten. Benannt als Sozialhilfe. Rechtlich festgelegt im Bundessozialhilfegesetz (BSHG). Dieses musste aber an eine vorliegende Bedürftigkeit gekoppelt sein. Das ist ein gesetzlich umschriebener, persönlicher Armutszustand, wie oben dargestellt.

Mit diesem vorhandenen System konnte sich auch diese Nichtfassbare anfreunden. Doch ihr erschienen im Traum Bilder einer vollkommenen Gerechtigkeit.

Sie träumte noch immer von der Erreichung, dass jeder, entsprechend seinen Fähigkeiten ganz persönlich, ohne ein Kriterium zu erfüllen, seine Bedürfnisse verwirklichen kann. Nun ja, sie musste in Geduld abwarten.

In dem Land dieser Ideen war diese soziale Marktwirtschaft hoffnungsverheißend angenommen worden. Die Menschen arbeiteten sehr fleißig: Planten, projektierten und produzierten viele Dinge, die sich gut verkaufen ließen, die ihr Leben erleichterten, sicherer machte, sie auch voll sättigten und auch den meisten eine warme Heimstätte ermöglichten.

Die Beteiligung an dem eigennützigen Geist
Freiheit, Selbstverwirklichung, Beteiligung

Die Produkteigentümer wurden so immer zufriedener und auch immer reicher. Sie gingen dazu über, auf der ganzen Erde ihre Waren herstellen zu lassen und zu verkaufen. Es wurde globale Marktwirtschaft genannt. Die marktbeherrschenden Firmen bezeichnete man als Konzerne.

Die Nichtfassbare bemerkte aber dabei, dass trotz immer steigender persönlicher Entfaltungsmöglichkeiten bei der Herstellung und auch Vermarktung der erarbeiteten Produkte das austeilende, geschweige denn das ausgleichende Prinzip der Gerechtigkeit immer geringer zur Anwendung kam.

Die Neigung der Menschen war auf Gewinn ausgerichtet. Sie wollten im Konkurrenzkampf als Sieger hervorgehen und ihren materiellen Wohlstand immer weiter anwachsen lassen. Die Unternehmen waren auch bedacht, zu ihrem Nutzen, den Arbeitenden nur ein, wenn möglich, geringes Entgelt zu überlassen.

Dieses sollte bei hohem Leistungseinsatz zur Bestreitung ihres Daseins genügend ausreichen. So konnten sie die angeeigneten Arbeitsprodukte, die Waren, mit einer für sie hohen Gewinnspanne effizienter umsetzen. Sie rechtfertigten diese Vorgehensweise, dass sie somit die Produktionstechniken steigerten und den Menschen dadurch die Möglichkeit gaben, ein immer angenehmeres Dasein herbeizuführen. Der hohe Gewinn sei der Fortschritt für die Menschheit, so hieß ihr Grundsatz. Viele Menschen überzeugte diese Vorgehensweise, sie beteiligten sich auch daran, mehr und mehr für ihren Eigenbedarf zu verbrauchen. Das schien sie ruhig und zufriedener werden lassen.

Durch gut durchdachte Wirtschaftspolitik gelang es dann weiter, mit dem zunehmenden Umsatz der Produkteigner entgeltmäßig bei vielen der Arbeitenden dessen Anhebung zu erreichen. Die Menschen konnten somit mehr an notwendigen Waren kaufen. Durch eine geschickte Verkaufswerbung wurde »die Lust, viele dieser Warenangebote zu besitzen«, noch weiter angeregt. Es entwickelte sich somit als gesellschaftliches Phänomen ein hohes Konsumieren von

Gebrauchsgütern. Die Gewerkschaften der Arbeitenden trugen auch intensiv dazu bei, dass in dieser wirtschaftlich guten Konjunktur entsprechend die Entlohnungen angehoben wurden. Man sprach von einer Konsumgesellschaft.

Mit der Zeit trat die Situation ein, die sicher keiner beabsichtigt hatte, doch kausal weltweit erfolgen musste, dass wenige Wirtschaftskonzerne alleinig den globalen Warenmarkt beherrschten, immer reicher und einflussreicher wurden; aber das Gros der Arbeitenden mit ihren Angehörigen wurde im Verhältnis zu diesen nicht vermögender. Die Relation zwischen Reich und Arm klaffte immer weiter auseinander.

Ja, und dann sah sie es, hingewiesen von einigen nachdenkenden Menschen, dass die Unternehmer oder ihre Nutznießer die egozentrischen Neigungen aufbrachten, Einfluss zu nehmen auf die regierenden Volksvertreter, auf den Staatsapparat. Nicht nur das! Sie übernahmen in dem Staatsapparat führende Funktionen, worauf sie politisch sehr mächtig, auch Präsidenten oder Oligarchen wurden. Die Überwindung der demokratischen Kontrollen durch die gewählten Volksvertreter wurden erreicht, dass viele dieser Minister oder Parlamentarier, oftmals durch materielle Zuwendungen, solche Regeln oder Gesetze verabschieden ließen, die den wirtschaftlich zielbewussten Menschen einen Vorteil in ihren Einflussbereichen brachten. Die Menschen bezeichneten diese als »korrupte Raffkis«.

Die Produkteigner und ihr Staatsapparat verstanden es aber auch andererseits, die Selbstverwirklichung ihrer Mitarbeiter zu fördern, zu unterstützen. Die Menschen in ihrem Drang zu handeln, zu erfinden, zu gestalten, nahmen dieses gerne an. Ihre Leistungen stiegen durch immer mehr erworbenes Wissen, die Produktionen durch Erfindungen und Gestalten zu erhöhen.

Es entstanden so immer bessere Werkzeuge, Geräte, Maschinen und Arbeitsmittel. Die Waren konnten schneller, massenhafter, präziser und in ihren Formen ästhetischer hergestellt werden. Auch in der Verwendung der Naturprodukte wurde immer effizienter der Ab- und Umbau betrieben. Dabei wurde aber meist die Schädigung oder auch vollkommene Zerstörung ihrer Umwelt, der Natur und deren Lebewesen oder Arten in Kauf genommen.

Die Entscheidung für die Selbstverwirklichung, aber gegen das Leben
Naturschädigung, Überbevölkerung, Armee

Der Gewinn durch diese hohe Aneignung und Verwertung von Arbeitsleistungen und den Naturstoffen steigerte sich immer höher. Die meisten Menschen, aber nicht in allen Ländern, begeisterte diese Entfaltung weiterhin. Auch hatten sie begriffen, dass sie in der natürlichen Auslese bis gegenwärtig die Sieger geblieben waren. Sie erzeugten in zunehmend höherer Anzahl ihre Nachkommenschaft, vermehrten, reproduzierten sich mehr und mehr. Alles andere, was für ihr Dasein verwertbar war, wurde verarbeitet, herangezüchtet, geplündert, geschlachtet, verschlungen, vernichtet. Die lebenserhaltende Verbindung zwischen ihnen und der Natur wurde immer weiter durch deren Abkopplung, durch Verunreinigung, Vergiftungen der Erde, dem Wasser, der Lufthülle zerstört.

Dazu bauten diese Mächtigen mit ihrem Staatsapparat auch ein großes Heer an Kriegsleuten, genannt Armeen auf, um sich, wie sie es nannten, vor ihren Feinden besser schützen zu können. Sicherlich aber auch mit dem Gedanken, durch mögliche kriegerische Auseinandersetzungen ihre Macht damit erweitern zu können.

Dann kam es zu einer revolutionären Erfindung. Durch die Erkenntnis, elektrische Impulse in sehr hoher, fast in Lichtgeschwindigkeit zu beherrschen und zu steuern, wurde es möglich, eine Unmenge an Daten zu speichern und diese gezielt für benötigte Bewegungs- und Handlungsabläufe zu verwenden.

So geschah es, dass immer umfangreicher persönliche Daten, auch über die eigene Bevölkerung, in hoher Zahl gespeichert wurden, um immer genauer deren Gefühls- und Handlungsinteressen zu erfahren. Dadurch wuchs die Gefahr, dass eine massenhafte Überwachung weiter möglich wurde. Vor allem die

Kontrolle über die Menschen, die in vielen Ländern kritisch gegenüber dem herrschenden Staatsapparat eingestellt waren. Es wurde Überwachungsstaat genannt. Immer wieder kam Kritik dagegen auf. Noch blieb bis jetzt ein Aufstand aus.

Die Mahner dieser nicht zu akzeptierenden Entwicklung melden jedoch mehr und mehr ihre Zweifel an.

Die Nichtfassbare erfasste dies alles. Wurde auch hoffnungsloser, auch in ihrer Idee, die Welt für die Menschen doch gerechter werden zu lassen.

War es nicht dazu nun auch schon zu spät?

Hatte man die Verwirklichung einer gerechteren Welt nicht schon längst durch diese, bis jetzt alle gescheiterten Versuche vertan?

Geist und Leben in Hoffnung eins

Nein, nein stieß sie in schrillen, für alle zu vernehmenden Schreien aus!

Einige zarte Wesen erhoben daraufhin erstaunt entfaltend ihre Blütenhäupter.

Ja, und da erkeimte doch noch Weiteres?

Es stürmte in Menschengruppen voran:

Einmal fordernd, die Natur und damit auch die Menschen als deren Produkte nicht zu vergiften, zu zerstören. Es sollte in Einklang mit der Natur und nicht durch deren Zerstörung gehandelt, produziert und durch nachhaltiges Wirtschaften vorangebracht werden.[42]

Doch rein mit dem Ideal der Zuneigung zur Natur lässt sich auch weiterhin deren Schädigung oder Vernichtung nicht generell verhindern, überlegte so die Nichtfassbare. Die Menschen sind nun mal durch ihre evolutionäre, komplexe Entwicklung nicht mehr mit der Natur in Einklang, sondern um existieren zu können, gezwungen, zu ihrem Erhalt die Natur zu verändern, deren Erzeugnisse zu verwenden. Dieses beinhaltet immer wieder auch deren Schadenszufügung. Das nachhaltige Herstellen bedarf somit einer Planung, durch angemessenes Wissen über diese Nutzung Schäden zu vermeiden oder auch zur Regenerierung nach den Schadenszufügungen beizutragen. Das wirtschaftliche Gewinnstreben, auch wenn es als persönliche Entfaltungsmöglichkeit beibehalten wird, müsste dann einhergehen mit einer verbindlich gesetzlichen Kontrolle, in wissentlicher Kenntnis nicht naturschädigend, sondern erhaltend zu wirtschaften.

So betonten es nun gleichzeitig immer wieder einige diese Situation analysierende Menschen, die dann auch zum Protest gegen die Umweltzerstörung mit

---

[42] Ökologische weltweite Freitagsdemobewegung »fridays for future«, Begründerin Greta Thunberg. Teilnehmer sind vor allem junge Menschen, die ihrer Zukunft keine Perspektive geben, wenn die Zerstörung ihrer Umwelt weiter so voranschreitet. Sie erkannten sehr genau, dass die Natur nicht die Menschen braucht, doch die Menschen die intakte Natur zum Existieren brauchen.

aufriefen. Sie erhielten immer mehr an Zustimmung. Sicherlich waren durch diese zunehmenden Warnungen der Menschen auf der ganzen Erde viele Regierungen bemüht, in Konferenzen verbindliche Abmachungen zum Schutze des Klimas zu erreichen. Doch nationale eigenmächtige Interessen vieler Machthaber, interessensvertretend zu immer höherer wirtschaftlicher Gewinnmaximierung, verhinderten auch weiterhin diese allgemein verbindlichen Verpflichtungen zur Eindämmung der Naturschädigungen und -zerstörungen.

Dann verlangten auch in gelben Farben auftretende Menschenansammlungen[43] in Frankreich, den geschaffenen Reichtum gerechter aufzuteilen. Ebenso sollte es in der Bezahlung ihrer zur Existenz notwendigen Wohnstätten gerechter zugehen. Mit deren hohen Wohn- und Immobilienpreisen wurde ein immenser wirtschaftlicher Gewinn meist zum Eigennutz erzielt. Es zeigt sich immer mehr das Anliegen, dass eine angemessene Wohnstätte auch als Menschenrecht zu verankern sei und nicht wirtschaftlich wie eine Ware auf dem Markt zum Kauf angeboten werden dürfe.

Es bedarf wohl noch eines intensiven Kampfes, um dieses Ziel zu erreichen.

Auch in einigen Ländern bäumte man sich auf,

---

[43] Gelbwestenbewegung. Bürgerproteste ab 2018 gegen die Politik der französischen Staatsregierung.

schrie danach, dass doch endlich republikanisch-demokratische Verhältnisse Priorität werden sollten.[44]

Auch wurde gefordert, freiheitlich so zu leben, wie man es von seinen Veranlagungen her in sich fühlt. Dass alle unterschiedlichen Geschlechter gleich in ihren Rechten ihre Bedürfnisse ausleben dürfen.

Doch ein Aufbäumen, ein Sturmwind, forderte, dass entgegen dem Eigennutz die allgemein erarbeiteten Werte gemeinsames Eigentum werden sollten und in sozialistischer Art allgemein zu verteilen seien. Die dadurch herzuleitende Theorie, dass jeder Einzelne sich in gerechter Planung ein Leben in sicherer Existenz gestalten könne, kam bis jetzt in den Protesten nicht auf. Der erforschte gesellschaftliche Zustand »der Entfremdung unter den Menschen«[45], verursacht durch die privaten Produktionsverhältnisse, war danach nicht erstrebenswert. Ein breites Aufbäumen, dieses zu erreichen, kam erst mal nicht auf.

Es kam noch nicht mal ein leiser Windhauch auf. Das Vergangene in dieser Absicht hatte bestimmt zu viel zunichte gemacht! Die Nichtfassbare zeigte für dieses Ausbleiben ihr Verständnis. Denn wer wollte es nochmals erleben, dass für den Plan eines verhei-

---

[44] So in der Ukraine, Russland, Weißrussland, Hongkong.

[45] Damit gemeint ist die Theorie von K. Marx/F. Engels, dass durch die Industriegesellschaft die Arbeiterklasse durch eine Revolution das wirtschaftlich-gesellschaftliche System qualitativ verändern werde.

ßungsvollen Zieles von einem einzelnen Menschen entschieden werden konnte, dass Abertausende kein Recht auf Leben und Entfaltung hatten, nur weil dieser in Auslegung einer Theorie dogmatisch von deren absoluter Richtigkeit überzeugt war?

Als gerecht empfand sie diese wirtschaftlich-politische Form des Sozialstaatsprinzips aber gekoppelt mit einem demokratischen Prinzip. Die Kontrolle durch Menschen über andere als Mittel gegen Machtmissbrauch, wurde als Errungenschaft, bis hin sogar zur gesellschaftlich vernunftmäßigen Entwicklung betrachtet. Aus der Erkenntnis konnte aber darauf hingewiesen werden, dass die Menschen prinzipiell dazu neigen, auch durch ihre naturbedingte, eigennützige Veranlagung zur Selbsterhaltung, andere beherrschen und für sich ausnutzen zu wollen. Es wurde erkannt, dass jeder dieses Verlangen, wenn er dazu eine Möglichkeit hat, in sich trage und es auch befriedigen wolle. Trotz Bewusstsein und der Begabung zur Vernunft besteht prinzipiell die Neigung zur Erfüllung seiner bestmöglichen Selbstverwirklichung.[46] Nur in sozialer Beeinflussung oder durch Gegenwehr anderer sei dieses einzudämmen. Das eigennützende Verhalten nannte man triebbedingt erkennend Egoismus, Aggression. Oder auch rein von

---

[46] So nach den Erkenntnissen der Psychoanalytische Theorien von S. Freud, A. Adler, C. G. Jung, W. Reich, E. Fromm und anderen.

seiner sozialen Entwicklung beschrieben als Ausbeutung anderer. Man erklärte weiter, auch der Sieg durch den Widerstand, der Revolution, brächte doch wieder einzelne in Machtpositionen, in denen sie dann mit der Neigung ihrer Selbstverwirklichung zielgerichtet anstrebten, die Mächtigsten, die Einflussreichsten werden zu wollen. Das zeigen die geschichtlichen Ereignisse auf. Dieser Prozessablauf wird, das ist bewiesen, immer wieder im gesellschaftlichen Dasein der Menschen auftreten.[47]

Man erkannte, dass die Menschen bestrebt sind, die gesellschaftlichen Verhältnisse dann zu verändern, wenn sie immer krasser im unüberwindbaren Wirtschaftsgegensatz sich entwickelt haben. Die Menschen schaffen dann, wie durch einen qualitativen Sprung, weiterführende gesellschaftliche Situationen. Diese verbrauchen sich wiederum und müssen dann anders weitergestaltet werden. Es wurde mit dem ewigen Bewegungsablauf der Materieentwicklungen verglichen und auch auf die menschliche Lebensweise übertragen. Man ist dabei auch zu der Erkenntnis gelangt, dass der Mensch willentlich diesen Prozess beeinflussen, sogar seinen Interessen entsprechend steuern kann. Zu deren Verwirklichung kann dann der Protest, die Gegenwehr von Menschengruppen, auch

---

[47] Genannt dazu ist die Frankfurter Schule, auch die Theorie des Kritischen Rationalismus wie von R. Schelsky und der Existenzialismus in Frankreich von J. Paul Sartre erarbeitet.

etwas zu dessen Verhinderung beisteuern. Doch jegliche gesellschaftliche Veränderung entwickle sich dahingehend, dass sie immer wieder in ihren Fortschrittsgrundlagen kontrolliert und durch den Widerstand anderer überprüft, weiterentwickelt oder wieder umgestaltet werden müsse, so erkannten dies einige analytische Theoretiker. Auch das Neugestaltete bringe wiederum Menschen hervor, die durch ihre Neigungen sich sehr große Macht aneignen wollen und auch vorhaben, diese zu realisieren. Deswegen bedarf es keiner abgeschlossenen Theorie, sondern prinzipiell der offenbleibenden Veränderungsmöglichkeit innerhalb des Gesellschaftssystems.[48]

Poetisch formuliert, besteht eine ewige Auseinandersetzung zwischen dem, was als das Gute und Böse, das Vernünftige und Unvernünftige, das Gerechte und Ungerechte bezeichnet wird.

Ein absolut für immer geltender Zustand wird niemals erreicht werden können. Er beinhalte immer eine Utopie, wie ein Wahn. Das hatte auch schon in zurückliegender Zeit ein sehr bekannter Poet, Friedrich Schiller[49], seinen Lesern dichterisch mitgeteilt.

---

[48] So erkannt nach der Kritischen Theorie, auch Neomarxismus genannt. Vertreter waren M. Horkheimer, W. Adorno, E. Fromm, H. Marcuse, T. Habermas u. a.

[49] Friedrich Schiller, 1759-1805, Poet, Schriftsteller, Philosoph, Befürworter der Aufklärung, der Französischen Revolution. Er wurde in seinem Geburtsland Württemberg vom Kurfürsten wegen seiner

Auch durch die Steigerung der angesammelten Erkenntnisse war die Möglichkeit gegeben, immer bewusster, gepaart mit Vernunft, wie man meinte, die Probleme zu erkennen und auch planende Lösungen zu finden, die allen dann in weiterer gerechter Weise zugutekommen sollten. Ein Plan als Sozialgesetz verfasst, ausgleichend die erarbeiteten Werte auch in Geldleistungen aufzuteilen, war für viele ein angebrachter Ansatz. Es setzte aber voraus, dass der verteilende Staatsapparat auch diese Einnahmen zur Weitergabe regelmäßig erhalten würde. Blieben diese aus, und das war ja immer wieder vorgekommen, dann hatte der Staat auch keine Mittel, jedenfalls für die sozialen Verpflichtungen, etwas zu verteilen. Eine ausgleichende Gerechtigkeit durch den Staatsapparat bliebe somit aus.

Die betroffenen Menschengruppen müssten dann zu ihrer Daseinsabsicherung einen anderen Weg einschlagen.

In gut florierenden Wirtschaftssystemen einiger kapitalistischer Länder werden sogar die Forderungen nach einer austeilenden Gerechtigkeit in der Art eines bedingungslosen Grundeinkommens laut.

Dies wird aber noch mehrheitlich in Frage gestellt, da man keinen Wohlfahrtsstaat haben möchte, mit

---

kritischen lyrischen Dramen verfolgt. Hier erwähnt sein Gedicht: »Drei Worte des Wahns«.

dem dann durch zu viel Müßiggang den Sinn des menschlichen Daseins, das Arbeiten, kreativ zu sein, in Frage stellt. Das menschliche Wesen entwickelte sich durch sein Produzieren-Können, so wird dagegen argumentiert.

Es taucht auch immer mehr die Hinterfragung auf, was nun prinzipiell als gerecht festgelegt werden kann. Denn ist es nicht so, dass für den einen etwas gerecht ist, was für den anderen aber schon als ungerecht gelten kann. Im Volksmund klingt das treffend so, was dem einen eine »Eule« ist, sei dem anderen eine »Nachtigall«. Ein universelles Naturgesetz, um Gerechtigkeit mit Inhalt zu füllen, gibt es ja nicht. Es geschah ja immer wieder, dass verbreitet wurde, es sei gerecht, seinen Feind zu töten. Dieses auch von der Mehrzahl der betroffenen Menschen als etwas »Gutes« angenommen und ausgeführt wurde und noch immer weiter geschieht.

Die Nichtfassbare war erstaunt darüber, dass die Menschen durch ihr Begreifen sich ein immer breiteres Wissen angeeignet hatten. Sie bekam richtig Lust dazu, dies alles dem Unbegreifbaren mitzuteilen. Doch alleine wollte sie das nicht machen, in der Annahme, dass sie so als Unglaubwürdige in Erscheinung trete. Es fehlten ihr mittragend diese aufrechten, begreifenden Lebewesen.

Man könnte somit drei Leitgedanken bilden: Mit Wissen, Kampf und der Vernunft käme man dem Unbegreifbaren ein winziges Stück näher. So fühlte es voller Hoffnung, diese Nichtfassbare.

Trauer, Auflösung, Suchen

Doch wo war sie nur?

Man suchte nach ihr. Ja, und dann entdeckte man sie. Doch was sah man? Sie stand da, angelehnt an einen Baum. Aber seltsam! Sie hielt ihr sonst helles Haupt gesenkt. Bedeckt mit einem dunklen Tuch.

Sie wurde gefragt: »Warum verbirgst du denn dein Angesicht?« Sie schaute kurz hoch, und man sah, dass ihre Augen tränenverhangen waren. »Warum weinst du?«, fragte man anteilsnehmend. Leise sprach sie: »Es ist schrecklich, es ist geschehen, dass Einzelne der Mächtigsten die Entscheidung treffen können, dass sie alles, aber auch alles, was Leben ist, durch einen Knopfdruck vernichten können. Wer könnte je noch ihr Bewusstsein ändern, sie in ihrem Entscheidungsprivileg daran hindern?« Die Menschen wollten sie trösten. Doch sie war weg, unsichtbar verschwunden!

Das Suchen der Menschen aber blieb. Auch ohne ihre Nichtfassbare mit ihren Idealen, was sein sollte. Die aufrecht gehend Befähigten mit ihrem natürlichen Drang der Selbsterhaltung, aber auch der Gabe, zur Vernunft begabt zu sein, entscheiden zu können, mussten nun, wie sie annahmen, alleingelassen ihren Weg weiter gestalten. Zur ihrer Existenzsicherung auch so, das, was die Natur dazu hergab, ausbeutend zu verwenden, zu gestalten, aber auch vernichtend zu verwerten. Das war zu ihrem Daseinserhalt geboten. Es war somit ein notwendiges Aneignen, auch Zerstören, um nicht, als Geschöpfe aus der Natur entstanden, selbst untergehen zu müssen. Sie behielten genauso ihre naturbedingten Neigungen selbsterhaltend, also sich gegenüber anderen, der Natur und auch anderen Wesen, auch ihre Gleichen zu behaupten. Nicht zu verlieren, also das »Haupt über andere« zu sein. Mit ihren Fähigkeiten, denken zu können, setzen sie dieses gleichermaßen auch so ein, von anderen Leistungen oder ein Verhalten zu ihrem eigenen Nutzen und auch existenzabsichernd zu verlangen und dieses auch durchzusetzen.

Im Ergebnis ist das menschliche Dasein im Einzelnen somit ausgerichtet, seine Erhaltung durch das Ausbeuten der Naturprodukte, einschließlich anderer Lebewesen erreichen zu wollen. Das hieße ja auch, dass jede durch den Widerstand, der Revolution, erreichte gesellschaftliche Neuerung letztendlich wiederum weitere Probleme für die Menschen in sich trägt. Das haben sie immer wieder erfahren müssen. Und doch streben sie danach, bessere Zustände verwirklichen zu wollen. Dieses Verhalten ist sicherlich darin zu begründen, dass das sich entwickelte menschliche Wesen durch seine Befähigung, seine Umwelt bewusst widerspiegeln zu können, den Drang in sich hat, suchend das zu verändern, »neu« zu gestalten, was nach seinem Empfinden und seiner Umsicht für es und die anderen als notwendig erscheint. Dieses, sein Suchen lässt es so nicht verzweifeln, dass prinzipiell kein »neuer« Zustand endgültig sei.

Bei diesen gemachten Erkenntnissen entsteht so
der Zweifel, ob eine Anwendung der Ausbeutung von
anderen Lebewesen und der Natur überhaupt abgeschafft werden kann.

3. TEIL

Dasein verlangt nach Ausbeutung

Hat der Mensch es in sich, gut und richtig handeln zu können? Das scheint sehr fraglich mit seiner natürlichen Veranlagung zur Selbsterhaltung. Doch eins braucht er für sein Bestehen auf Erden: Das ist die Nutzung der Naturprodukte, aber auch deren Erhaltung.

Fragen an den Wanderer

Sie, diese Nichtfassbare, fand sich überraschend wieder auf dem Gipfel eines Berges. Von dort war alles überschaubar. Es schien so, dass überall, wo man hinschaute, alles in Bewegung war.

Sie fühlte in sich, damit zufrieden zu sein. Alles Bewegende muss gut sein, so schallte es gut hörbar überall hin. Es ist wie die Wärme, die nichts erstarren lässt. Es gedeihen lassen kann.

Ein Wanderer, schon etwas erschöpft wirkend, vernahm das Lied und hob, mit kritischem Blick, seinen Kopf: »Das ist doch nicht richtig, dieser Lobgesang, den man von diesem Berg vernimmt!«

Warum nicht, so klang es zurück. Weißt du etwas anderes? Dann lass es mich hören. Vielleicht bist du einer dieser Weisen?

»Nein, nein, ich bin kein Weiser. Ich kann nur das wiedergeben, was ich gesehen habe. Doch ich weiß auch, dass zwischen dem, was sinnlich wahrnehmbar, und dem, was wirklich ist, ein tiefer Graben verläuft.«

Dann erzähle doch mal, was du so alles von den anderen erfahren hast. Sicherlich nicht nur Gutes?

Die Herleitung des Erschaffenen

Nun waren sie da, auf diesem abgekühlten Planeten, mit seinem Licht der Sonne. Diese lebenden Wesen.

Sie hatten sich entwickelt mit den Fähigkeiten ihrer Sinne wie Fühlen, Schmecken, Sehen, Riechen, Hören, Denken. Diese mussten eingesetzt, verwendet werden, wollten diese Wesen existieren. Sie wurden gebraucht, zur Selbsterhaltung, in der für sie verbleibenden Zeitspanne ihres irdischen Daseins. Ohne deren Anwendung gab es nur eine Richtung, weg vom Leben, hin zu dessen Auslöschung.

Von den Wesen gab es vielerlei an Arten. Jedes dieser hatte seine speziellen Eigenschaften zum Bestehen der Daseinserhaltung entwickelt. Sie hatten auch die innerlichen Fähigkeiten, in verändernden Situationen dieser sich anzupassen, um nicht unterzugehen.

So gab es etliche unter ihnen, die das Sonnenlicht, das Wasser und die Erdstoffe nutzten, um mit ihnen aufbauend ihr Leben zu erhalten. Andere lebten dann wiederum von denjenigen, die das Licht hatte entfalten lassen. Nahmen deren Stoffe zu sich. Vereinnahmten sie und bauten damit ihr, aber doch begrenztes, Dasein auf. Dann gab es wieder andere Lebewesen, die jagten die Wesen, welche sich von den Produkten der Natur ernährten. Sie fingen diese ein, töteten, zerfleischten und verschlangen sie, um somit ihren quälenden Hunger stillen zu können. Wiederum andere hatten die Fähigkeiten zum Überleben entwickelt, von beidem gesättigt zu werden. Sie nahmen die pflanzlichen und die tierischen Wesen als sie nährende Stoffe auf.

Dies alles musste so geschehen. Es war die Bedingung zur Erhaltung ihrer selbst. Das war der naturbedingte Kreislauf des Aufbauens, des Erhaltens, aber auch der Umwandlung. Mit der Ent- und Aufnahme von Stoffen aus dem Angebot der Natur war es nur möglich, auf der Erde bestehen zu können.

Auch wenn es ein Zerstören von Naturstoffen und Auslöschen anderer Wesen beinhaltete. So geschah es nicht grundlos, um andere vernichten zu wollen. Es war notwendig, um sich in dem Ablauf der Natur eine Zeit lang halten zu können. Das musste so von allen existierenden Wesensarten eingehalten werden. Es machte keinen Unterschied, ob sie schon sehr lange Zeit oder erst kurz auf der Erde existierten. Von den winzigen mit nur einer Lebenszelle, bis hin zu den weiterentwickelten vielzelligen Arten. Sie verwerteten alle das, was die Natur ihnen zur Verfügung anbot, um daraus das für sie Notwendige zu schöpfen. Das machte ihre Selbsterhaltung aus. Diese natürliche Neigung der Selbsterhaltung, als Antrieb zu bestehen, war immer in jedem der Wesen gegeben und hatte auch den Drang in sich, weitere Nachkommende zu erschaffen. Es war der natürliche An-Trieb ihrer Daseinsverwirklichung. Auch dann existierte es fortsetzend, wenn die speziellen Arten der Lebewesen sich mit neuer Form und anders erscheinenden Eigenschaften zur besseren Naturanpassung weiterentwickelt hatten.

Das Vorherige wirkte somit in dem neu Entstandenen weiter. Auch wenn das Neuentstandene in seiner Art mehr ist als das Vorherige.

Dies geschah auch mit einer Tierart, die ihre vier Körperglieder zu ihrer Fortbewegung gebrauchte. Diese erreichte in ihrer Weiterentwicklung, ihren Körper aufzurichten. Erlernte dadurch, sich auf zwei Beinen bewegen zu können, um die anderen beiden oberen Glieder zum Tasten und Greifen zu gebrauchen. Durch die Anwendung dieser Fähigkeit begriffen die Wesen immer mehr, die Naturprodukte für die Existenz ihrer Selbsterhaltung zu verwerten[50].

Sie bauten ihre Befähigung dadurch aus, sich das einzuprägen, mit dem ihr Dasein zu erhalten, zu gestalten war. Alles konnte sich aber auch durch eine zufällige Veränderung, hier einer Funktionsänderung im Gehirn, vollzogen haben. Ihnen wurde bewusst, das zu tun, was der Notwendigkeit entsprach, um weiter bestehen zu können. Es war ihre Bewusstwerdung, zum Gebrauch ihres natürlichen Antriebes, sich selbst am Leben zu erhalten. Sie wurden somit immer

---

[50] Der Übergang vom Tier zum Menschen (Hominiden) fand vor ca. 12 Millionen Jahren statt mit dem Aufrichten beim Laufen. Die Urmenschentwicklung durch Verwendung von Werkzeugen war vor ca. 4 Millionen Jahren. Noch nicht befähigt zur Sprache und zum Feuerentzünden. Dann die Frühmenschen vor ca. 500.000 Jahren, sprach- und feuermachend fähig. Jetztmensch ab ca. 100.000 Jahren. Sammeln, jagen, Sesshaftigkeit, Produzieren, Planen. Der homo sapiens sapiens.

fähiger, die Stoffe der Natur für ihr Leben zu gebrauchen, zu verändern, zu nutzen. Ja, und es entwickelte sich weiterhin, dass sie durch ihre Befähigung zu begreifen, sich merken konnten, welche Handlung sie entsprechend durchgeführt hatten, um diese wiederum bei Bedarf zu verwenden. Auch verstanden sie es immer mehr, ihre natürlichen Laute zur besseren Verständigung untereinander in Worte zu formulieren. Sie unterschieden sich nun von anderen Lebewesen, weil sie für ihren Erhalt bewusst planen, projektieren, produzieren konnten. Begriffen damit, was zurückliegend, was heute und was auch morgen sein konnte. Sie bezeichneten sich als Menschen.

Die Menschen, naturbezogene Wesen

Es waren aber doch, auch mit ihrem Bewusstsein, weiterhin Wesen, gestaltete und auch innerlich geprägte Naturwesen. Auch wenn sie mit ihrer Fähigkeit, durch Erweiterung ihres Wissens, immer mehr verstanden, nach welchen Vorgängen dieses, was sie umgab, sich auf- und abbaute, sich also bewegte. Durch ihre Möglichkeit des Denkens gelang es ihnen immer mehr, die Dinge und die Lebewesen der umgebenden Natur für sich nutzbar zu machen. Das geschah durch Abbau, Veränderungen, Nutzungen und auch Zerstörungen dieser. Als Wesen der Natur, auch in ihrer vielzelligen Höherentwicklung, trugen sie jene innerliche Neigung zur Selbsterhaltung aber auch weiterhin in sich. Sie hatte Einfluss auf ihre bewussten Handlungsausübungen und wurde sogar von diesen entscheidend mitgesteuert. Die Fähigkeit zur Willensentscheidung war somit durch diese innerlichen Neigungen, genannt auch Triebe, verhaltenssteuernd gegeben.

Das alles hatten Menschen durch ihr Nachforschen festgestellt. Ja, und sie wussten noch weiteres mehr von diesen aufrecht Stehenden und begreifen Könnenden.

Daseinsmuss zur Ausbeutung

Bewusstseinssteigernd erlangten sie immer mehr Wissen und Können, um zu handeln. Bauten für die Verwendung der Naturprodukte Hilfsmittel, Wohnstätten, Geräte, aber auch Gegenstände zur Tötung. Das erleichterte ihnen eine bessere Ausnutzung. Es wurde als Ausbeutung bezeichnet. Zusammenlebend in Gruppen, verbrauchte man die erstellten Produkte sowie Beute gemeinschaftlich. Ihr Wissen nahm durch ihr Produzieren zu. Sie waren befähigt, innerlich gefühlsbezogen nachzudenken, um dann auch zu handeln. Das Handeln zur Herstellung ihrer notwendigen Sachen zum Leben nannten sie Arbeit. Diese war mit der Erbringung einer Leistung verknüpft, die meist mit einer körperlichen, immens hohen Kraftanstrengung, sowie Belastung verbunden war. Sie musste aber, um zu existieren, erbracht werden.[51]

Einzelne erreichten es auch in den Gruppen, durch ihre Fähigkeiten, in ihrem geschickten Verhalten als Jäger oder Sammler, durch ihre herausragende Kraft oder Geschicklichkeit sich hervorzutun. Diese wurden von den anderen dann häufig sehr geachtet und auch verehrt.

So schaffte es der Einzelne, in der Gruppe eine führende und auch beeinflussende Funktion einzunehmen. Seiner Sättigung zur Selbsterhaltung nachgehend, mit willentlicher Überlegung, begriff der Einzelne, dass die anderen in seinem Interesse, zu seinem Nutzen, einsetzbar seien. Diese so handeln zu lassen, dass sie ihm seine zum Leben notwendigen Erzeugnisse und Produkte darzubringen hatten. Zielstrebend wurde dies, hervorhebend durch seine Führerrolle genutzt, dass er selbst keine kräftezehrenden Arbeitshandlungen zu erbringen hatte. Die anderen Gruppenzugehörigen mussten diese leisten. Ihr Anführer verlangte davon einen Anteil des Erbeuteten, Erarbeiteten, dem Hergestellten. Mit dieser so erreich-

---

[51] Genannt auch Neuzeitmenschen, Vernunftbegabter (homo sapiens sapiens). Anfang der menschlichen Kultur vor ca. 12- bis 150.000 Jahren, mit Jagen, Sammeln, Jagd-, Fruchtbarkeitsritualen, Spezialwerkzeugen, Pflanzenanbau, Tierhaltung, Sippengemeinschaft.

ten, über den anderen herausgehobenen Funktion verstand er es immer mehr, seine Selbstverwirklichung zu gestalten. In dieser Gruppensituation vollzog sich die Aneignung der Arbeitsleistungen anderer durch einen einzelnen Menschen. Das war eine Ausbeutung erbrachter Arbeitsleistungen anderer Gruppenzugehöriger. Es war somit die Ausbeutung von Menschen durch einzelne andere. So bezeichneten es zeitlich später mehrere Theoretiker. Dieser Führer erreichte es auch, dass diese von ihm Ausgebeuteten, nachgehend ihren Gefühlen, sich diesem ergebend unterordneten. Meist in dem Glauben, dass ihr Führer doch etwas Höheres als sie selbst sein musste. Dieser mit dem in Verbindung stehe, der über Sättigung und Hunger, Krankheit, Gesundheit, Leben und Tod entscheidend bestimmen konnte. Er könne somit nur ein Bote dieses unbegreiflichen, überall versteckt lauernden Unsichtbaren sein. Dass er, ihr Anführer, sicher auch mit diesen in Kontakt stehe, dessen Gesandter er bestimmt sei.

In seinen ritualen Tänzen tat er ihnen auch kund, dass sie, was er von diesen Geistern und Göttern als Botschaft erhalten habe, in Gehorsam und Unterordnung einhalten müssten. Ein Verstoß dagegen bringe großes Unheil über sie. Häufig trafen diese Prophezeiungen dann auch ein. Das hob ihn noch mehr in seiner Führerrolle hervor.

Willentlich gepaart mit der Befriedung der Selbsterhaltung, aufbauend bestrebt in seiner Verwirklichung, hatte er ein Interesse, seinen Lebensstil dauerhaft in dieser Art und Weise so zu festigen. Durch seine Befähigung, zu planen, umgab er sich mit einer Schar von ihm Ergebenen. Diese stattete er mit Geräten zur Gewaltanwendung gegen andere aus. Stark genug, überfielen sie so andere Gruppen. Töteten viele von ihnen. Raubten, zerstörten deren Wohnplätze und Sachen. Machten auch Gefangene, die dann in seinem Herrschaftsbereich für ihn und seine Gefolgschaft die notwendigen Leistungen zum Leben erarbeiten mussten. Sie wurden als Arbeitssklaven bezeichnet. Waren nicht gleichgestellt mit den anderen des Stammes, sondern mehr wie ihre Arbeitstiere. Das Recht, ein menschliches Wesen zu sein, wurde ihnen verwehrt.

Der Führer gewann durch seine Siege immer mehr an Machteinfluss. Er dehnte seinen Herrschaftsbereich aus. Verlangte von den in seinem Gebiet Lebenden immer höhere Abgaben. Die Zahl der Sklaven und auch anderer arbeitenden Menschen stieg an. Durch deren steigende Arbeitsleistungen wuchsen auch die Ansiedlungen, Häuser Tempel, Plätze, Straßen. Es entstanden so immer größere Wohnstätten, die man als Städte bezeichnete. Mit seiner Machterweiterung wies er auch seine Hörigen darauf hin, dass ihm die über ihnen wachenden Unfassbaren wohltuend gesonnen seien. Er betitelte sich selbst als Pharao, Schah, Cäsar, Kaiser. Seine ihm Ergebenen bewunderten, verehrten ihn deswegen umso mehr. In seinem Drang zur Selbstverwirklichung entstand sogar die Neigung, unsterblich wie die Götter zu werden.

Durch das Anwachsen seines Machtbereiches konnte gleichlaufend, aber auch wissentlich immer mehr geplant, entworfen, erarbeitet, gehandelt werden. Mit dieser Entwicklung erweiterte sich auch das Begreifen, Verstehen der Menschen. Verbunden aber immer durch den Drang, die günstigsten Bedingungen zum Erhalt ihres Daseins erreichen zu wollen. Immer satt zu werden, warm zu wohnen und keine Qualen erleiden zu müssen. Diese Zustände zu erreichen, war vor allem das Anliegen des Herrschers mit seinem Anhang. Den Arbeitssklaven und auch anderen Arbeitenden sprachen sie meist diese Lebenserfüllung nicht zu. Als Untertanen betrachtet, sollten sie ihrem Schicksal überlassen werden. Es gehöre zu ihrem Dasein, dieses hinzunehmen, wie es für sie vorbestimmt sei. Die Erfüllung des Herrschers Stärkster, Mächtigster, Reichster zu sein, konnte nur eine götterbestimmte Lebensberechtigung sein, damit sich so sein Streben der Selbstverwirklichung voll verwirklichen lasse.

Doch auch diejenigen, welche nicht zu den Herrschenden gehörten, erreichten immer mehr Wissen. Hatten auch das Bedürfnis, durch ihr Arbeiten satt zu werden, zu gedeihen und warm zu leben. Sich vor den Qualen der Krankheiten schützen zu wollen. Sie entwickelten mit ihren erworbenen Kenntnissen Pläne zu notwendigen Veränderungen dieser gegebenen, doch für sie nicht hinnehmbaren Zustände. Es waren ihre Gefühle sowie Gedanken, verbunden zur Verbesserung der Lebenssituationen aller Menschen. Es waren somit die Ideen, eine gerechte Welt für die Menschen zu erreichen.

Doch berücksichtigten diese Ideale auch schon die Verbindungen zur Natur?, so hörte sie, diese Nichtfassbare sich, an die Suchenden gerichtet, fragen.

Da doch alle gleich seien und auch einer für den anderen Sorge tragen sollte, konnte das nur für die Menschen gelten. Ihre Vorstellungen hatten somit nicht die Berücksichtigung der Verwendungen und auch Zerstörungen der Natur sowie ihrer Produkte und Wesen zum Inhalt. Das hing sicherlich damit zusammen, dass man in den Überlegungen und auch in den Schriften der Ansicht war, dass sich der Werdegang des Menschen in vollkommener Loslösung von der Natur vollzogen habe. Natur und Menschenwesen mussten danach zwei getrennte, vollkommen verschiedene Erscheinungsarten sein. Man war sogar der Meinung, dass die Menschen, über der Natur stehend, diese sich untertan machen sollten. Sie seien Herrscher über sie und nicht mehr ein naturreines, sondern ein eigenes denkendes Produkt.

Die Herrschenden und ihre Anhängerschaft hatten auch in ihren Willensrichtungen kein Interesse, dass sich gerechtere Lebenszustände entwickelten. Sie fürchteten meist, dass dadurch ihr Machteinfluss gänzlich verloren gehen könnte. Mit ihren hörigen

Bewaffneten wurden die Menschen, welche es wagten, die Macht der Herrschenden zu verändern, in Frage zu stellen, meist verfolgt, gefangengenommen und auch ermordet. Immer wieder kam es zu solchen Kämpfen zwischen denen, die verändern, und denen, die alles bestehen lassen wollten. Die Herrschenden blieben meist die Sieger. Gewannen dadurch immer mehr Macht.

Die Menschen aber, auch in diesen sie unterdrückenden Situationen, fühlten, planten, produzierten weiter. Sie hatten ja das Streben und den Willen in sich, nicht in ihrem Erdendasein ausgelöscht zu werden. Nutzten weiter die Naturprodukte, zerstörten sie auch immer mehr. Züchteten und töteten, um sich zu erhalten, andere Lebewesen. Sie waren bestrebt, nach ihren Vorstellungen die Natur, die Erde zu gestalten. Das Bestreben der Naturverwendung und auch der Vernichtung geschah damit aber nicht rein der Zerstörung wegen. Nein, es war zum eigenen Daseinserhalt die einzige lebenseffektive Vorgehensweise, aber immer mittragend in ihrer Selbsterhaltung. Auch mehr zu erreichen als der andere.

Auch das pracht- und genussvolle Leben der Mächtigen und ihrer Anhängerschaft durch Ausbeutung vieler anderer Menschen, nahm immer größere Ausmaße an. Die Kluft zwischen Ausbeutern und Ausgebeuteten, zwischen Herrschern und Untertanen, Arm und Reich, zwischen Leben können und Sterben müssen, klaffte immer weiter auseinander.

Mit Wissen, was gerecht sein könnte?

Viele Menschen wurden in diesen Widersprüchen immer unzufriedener. Es waren nicht nur die Unterdrückten oder Ausgebeuteten. Nein, auch andere Überlegende, die durch ihr Mitgefühl, Nachdenken, ihr Einschätzen der Zustände fähig waren aufzuzeigen, was richtig, nicht richtig, was gut und schlecht an den Lebensbedingungen der Menschen ist, wagten auch mehr und mehr, sich dem, was für sie nicht gerecht erschien, zu widersetzen und schafften es dann auch, unterstützt durch eine hohe Anzahl anderer, mit Plänen eines besseren allgemeinen Daseins das herkömmliche Herrschafts- und Machtgebilde zu zerschlagen. Es war die gesellschaftliche Weiterentwicklung durch einen Aufstand, eine Revolution[52].

Man ging dann dazu über, ein neues gesellschaftliches Gebilde zu errichten. Sie bezeichneten dieses als demokratische Republik. Jeder darin Lebende sollte sich in Freiheit und freier Meinung entfalten, gerecht behandelt und in Brüderlichkeit zu seinem Nächsten existieren können.

---

[52] Revolution ist die Bezeichnung für eine Veränderung, die sich aus dem Vorherigen aufbaut, aber doch qualitativ Neues hervorbringt. »Das Gesetz vom Übergang quantitativer in grundlegend qualitativer Veränderung. Das Ganze ist immer mehr als seine Einzelteile.« Wird in der Philosophie sowie in Natur- und Gesellschaftstheorien verwendet, aber auch angezweifelt, vor allem von den »Vitalistischen Theorien und theologischen Schöpfungslehren«.

Diese Möglichkeit der freien Entfaltung kam den Menschen sehr entgegen, wissentlich ihre Fähigkeiten zu erfinden, zu planen, zu handeln und nun voll entsprechend realisieren zu können sowie mit den erarbeiteten, produzierten Gütern und Sachen und den Verkauf dieser, ihr Dasein abzusichern. Sie erreichten planend, dass sie durch das Errichten großer Wirkstätten mit vielen arbeitenden Menschen, genannt Manufakturen und später Fabriken, die Sachen in großen Mengen herzustellen in der Lage waren. Durch das Anwachsen der Bevölkerung ließen sich diese Produkte auch in hoher Anzahl gut verkaufen. Damit erzielten sie ihren Gewinn und konnten somit ihre Lebensexistenz, häufig in hohem Wohlstand, absichern. Die dazu benötigten Produkthersteller, die Arbeitenden, erhielten für ihre auszuführenden Arbeitsleistungen eine Entlohnung. Diese machte aber, zu deren gesamten Arbeitsleistungen, immer nur einen Teil des Erarbeiteten aus. Das, was der Unternehmer einbehielt, war somit sein Mehrwert an den erbrachten Arbeitseinsätzen. Durch den Verkauf der Produkte als Waren erzielte dieser dann seinen Gewinn aus dem vereinnahmten Leistungsmehrwert und dem Warenumsatz als Kaufpreis. Bei hoher Nachfrage nach den Produkten konnte sogar ein hoher Preis verlangt werden. Mit der Kalkulierung, dass ein Warenkonkurrent ihn nicht unterbot. Den Warenverkäufer bezeichnete man deswegen als Unternehmer, und die Arbeitenden waren die Lohnempfänger.

Bei genauer Betrachtung hatte man auch hier wieder ein gesellschaftliches System, in welchem Einzelne für den eigenen Nutzen andere arbeiten, produzieren ließen, selbst keine Produkte miterarbeiteten, jedoch über diese verfügten. Die Arbeitenden mussten ihre Arbeitskraft dem Unternehmer verkaufen und erhielten dann einen Teil als Lohn dafür, um existieren zu können. Der Unternehmer eignete sich die produzierten Dinge an, um sie zu verkaufen. Die Arbeitenden hatten somit über das, was sie hergestellt hatten, kein Verfügungsrecht mehr. Sie waren von diesen somit entfremdet. Es blieb der Zustand bestehen, dass es Ausbeuter und in ihren Arbeitsleistungen ausgebeutete Menschen gab. So wurde es analysiert.

»Ist dies wirklich so?«, flüsterte sie leise vor sich hin.
Dies wurde wissentlich durch Untersuchungen der Produktionsverhältnisse als Realität erkannt und auch so benannt; bezeichnet als kapitalistische Marktwirtschaft.

Es traten auch immer wieder Situationen ein, wo der Umsatz, Verkauf, nicht mehr möglich war. Die Unternehmen reduzierten oder stellten die Warenproduktion dann ein. Die Entlohnung für die Arbeitenden fiel weg. Sie wurden in hoher Anzahl entlassen und hatten somit meist nur noch geringe Beträge an

Zahlungsmitteln oder auch nichts mehr, um ihren Lebenserhalt sichern zu können. Der Unternehmer, meist weiterhin materiell und finanziell abgesichert, gab den nun Arbeitslosen von seinen erwirtschafteten Vermögenswerten nichts davon ab. Es gab für ihn kein Miteinander. Er teilte nichts mit den anderen. Willentlich wäre dies für ihn möglich gewesen. Doch muss man auch hier hervorheben, wie es auch Psychoanalytiker beschrieben, dass wegen seiner Neigung, primär sich selbst erhalten zu wollen, für ihn ein gemeinschaftliches Handeln nicht in Frage kommen konnte. Eine gesetzliche Pflicht dazu gab es nicht. Er hätte nur nach dem Ideal der Nächstenliebe, der Brüderlichkeit, sich in freiem Entschluss dafür entscheiden können. Doch damit hätte ja auch nicht die Not vieler Menschen behoben werden können. Es wäre auch konträr zum Freiheitsideal gewesen, wenn man durch sein kreatives Handeln vermögend wird, dann doch in bestimmten einschneidenden Situationen alles wieder abgeben soll. Sicherlich hätte damit keiner mehr ein Interesse, durch seine eigene Kreativität auch einen vermögenden Vorteil für sich erreichen zu wollen. So wurde dies von einigen beschrieben. Es musste somit ein anderer Plan entwickelt werden, wenn man das Postulat der Freiheit aufrechterhalten wollte, um die breite Notlage anderer bei wirtschaftlicher Flaute effektiver abfedern zu können. Freiheit und Gerechtigkeit sollten also nebeneinander existierend berücksichtigt werden.

Doch wie konnte man beides erreichen, kam es so in ihren Gefühlen auf. Ihr kamen diese Bilder in den Sinn, dass so viele Kinder, Erwachsene, Alte vor Hunger gestorben waren.

Freiheit in Vernunft?

Doch es gab viele Menschen, die diese Probleme erfassten und auch Vorschläge verbreiteten, wie sie sie ändern wollten. Sie erkannten, dass der Einzelne trotz innerlicher egoistischer Neigungen auch die Befähigung besitzt, sich willentlich für ein bestimmtes Verhalten entscheiden zu können und deshalb abwägen kann, entweder nur an sich selbst zu denken oder auch andere zu berücksichtigen. Somit auch erkennen kann, was richtig oder falsch, folglich auch gut oder böse sein könnte. Es wurde so bezeichnet, dass die Menschen zum vernünftigen Entscheiden[53] befähigt seien.

Was aber nun vernünftig sein könnte, musste, entstanden aus der Idee, für alle zu gelten, erstmal erkannt und definiert werden. Das war nur aus den

---

[53] Vernunfttheorien, genannt auch Rationalismus. Herleitung aus ideellen und materialistischen Philosophien zur Gestaltung menschlicher Gesellschaften. Aufzeichnungen dazu begann schon vor ca. 5/6000 Jahren in Indien, China, Persien, Griechenland. In Deutschland war es vor allem der Philosoph I. Kant (1724-1804) mit seiner umfangreichen Theorie einer Tugendlehre.

gesellschaftlichen Wertefestlegungen zu bestimmen. Diese wurde meist geprägt von den staatsführenden Organen. Auf ein immer gegebenes Gesetz, herleitend als naturbedingt bestehend, konnte man sich nicht berufen.

Doch der reale Weg zur besseren Absicherung wurde erkannt. Man schaffte in gemeinsamer Art eine sogenannte sozialgesetzliche Grundlage, dass in Zeiten wirtschaftlicher Stabilität Unternehmer und Arbeitende jeweils zur Hälfte vorsorgende finanzielle Beiträge zu leisten haben, um dann im Falle eines Arbeitsplatzverlustes eine finanzielle Hilfe für den Einzelnen aufbringen zu können. Man bezeichnete dies als Soziales Sicherungssystem. Grundlage war eine gesetzliche Verpflichtung zur finanziellen Vorauszahlung für Notsituationen.

Diese Norm setzte sich dann in dem, was die Menschen als Existenzsicherung verstanden, durch. Das wurde aber erkenntnismäßig von den Herrschenden nur deswegen akzeptiert, weil der politische Druck vieler Menschen so massiv wurde, dass jene, um ihren Machtanspruch nicht zu gefährden, dem nachgeben mussten. Es zeigte sich immer wieder, dass die Machthaber ihre Neigungen zur Selbsterhaltung nur dann eindämmten, wenn sie durch den Protest und Widerstand vieler Menschen dazu gezwungen wurden. Zur breiten Daseinsabsicherung wurde immer wieder verbreitet, dass es für alle gerecht zugehen solle. Das bezog sich auf die Verteilung der geschaffenen ideellen und materiellen Werte unter den Menschen. Dass alle davon existieren sollten. Dieses Postulat spiegelte sich im demokratisch aufgebauten System darin wider, dass alle Menschen gesetzlich gerecht zu behandeln seien. Man schuf dazu die entsprechenden Gesetze und eine unabhängige Rechtsprechung, eine Justiz. Diese Entwicklung vollzog sich aber nur in einigen Ländern auf der Erde.

Doch die allgemein für alle gerechte materielle Güterverteilung war nicht zu realisieren. Das wäre eine an alle auszuteilende Gerechtigkeit gewesen, die sich aber mit dem Grundsatz der freiheitlichen Entfaltung nicht so ohne weiteres verbinden ließ. Sie bestand ja darin, dass sich der Einzelne durch seine Befähigung, des Wissens, der Kreativität, die Möglichkeit erhält, in seiner eigenen Verwirklichung sich entfalten zu können. Dieses war seit jeher eine der wichtigsten Forderungen, für die sich die Menschen zu deren Erreichung eingesetzt hatten. Das beinhaltete aber auch das Recht zur eigenen Bevorteilung gegenüber anderen, da der Mensch durch seine eigenen Fähigkeiten mehr erreicht hatte. Das machte ja sein Bestreben der Neugierde, des Suchens aus. Würde dies wegfallen, dann wäre sicherlich seine Motivation zum kreativen Handeln sehr gering. Der Drang, Weiteres zu erforschen, zu entwickeln wäre eingeschränkt. Die austeilende Gerechtigkeit ohne Berücksichtigung der Selbstverwirklichung, dem Erreichen eines persönlichen Vorzugs, verhindert danach einen Aspekt, der den Menschen eigentlich in seinem Freiheitsstreben prädestiniert. Die Freiheit hatte somit Priorität vor einer austeilenden Gerechtigkeit. Dass der Einzelne jeden anderen so lieben sollte, wie sich selbst, wie es verkündet wurde, war zwar ein dem menschlichen Gefühl einnehmendes Ideal, aber doch in der persönlichen Neigung, diesem Streben nach Selbstverwirklichung, nur durch dessen Unterdrückung zu realisieren. Geschieht dies, dann müsste der Mensch innerlich so motiviert sein, dass er sich nach anderen Werteinhalten in seinem Handeln leiten ließe. Dieses erzielten die Menschen bis zum gegenwärtigen Zeitpunkt aber nicht.

Freiheit war danach die anerkannte und auch geforderte Lebensform, sich in wirtschaftlicher Weise zu verwirklichen, aber auch den Herrschenden das Recht zu lassen, in der Neigung zur Selbstverwirklichung ihre Machtstellung auszuüben und auch auszubauen.

Damit konnte sie sich gefühlsmäßig nicht so recht zufriedengeben. Sie musste aber Realist bleiben. Rein mit den Idealen war das menschliche Zusammenleben nicht zu verwirklichen.

Freiheit, Technisierung und gerechteres Werden

Man erreichte auch auf ökonomischer Basis, motiviert durch die Neugierde, durch weitere Erkenntnisse, also durch selbstverwirklichendes Handeln, dass die

Wirtschaftsgüter maschinell schneller und mit geringem menschlichem Kraft- und Arbeitsaufwand herzustellen sind. Es entstanden immer größere Industrieanlagen mit effektiv produzierenden Geräten, die aber doch noch von einer hohen Anzahl arbeitender Menschen betrieben werden mussten. Dies schaffte ein Riesenheer an Industriearbeitern. Das waren Männer, Frauen und häufig auch Kinder.

Den Eignern, den Kapitalisten, gab diese Entwicklung gleichzeitig die Chance, bei hohem Umsatz materiell immer vermögender zu werden. Ganz im Sinne ihres Strebens, sich bestmöglich zu verwirklichen. Auch ihre Einflussnahme und sogar die Ausübung der politischen Herrschaft waren dadurch gegeben. Es lag ja in der Veranlagung des Einzelnen, wenn ihm die Möglichkeit gegeben wurde, seinen Neigungen folgend selbstverwirklichend sich zu realisieren.

Kam es aber vor, dass sich durch eine Problemausbreitung im Lande, wie eine Warenabsatzkrise, ein Widerstand ausbreitete, dann wurde mit dem staatlichen Gewaltapparat, meist der Armee, dieser im Keim erstickt. Kein breiter Widerstand der betroffenen Menschen hatte somit Erfolg.

Die volle Verwirklichung seiner selbst ging so weit, dass die Herrschenden das Bestreben hatten, die Mächtigsten nicht nur im eigenen Bereich, sondern auch über andere Landesgebiete zu werden.

Es erfolgte dazu eine massive Aufrüstung mit einem großen Heer an Soldaten und Waffen. Man führte Kriege zur Eroberung anderer Gebiete. Die Waffen waren so weit entwickelt, um massenweise Menschen sowie andere Lebewesen töten zu können und Städte, Landschaften, aber auch die Natur zu vernichten. Diese großen kriegerischen Raub- und Vernichtungszüge fanden immer wieder statt.

Demokratie und sozialistische oder soziale Gerechtigkeit?

Die Sieger dieser durch das vorher geschehene, unfassbare Leid beeinflussten Überlebenden waren nach Beendigung meist gewillt, weitere Kriege in der Zukunft vermeiden zu wollen. Sie planten, eine bessere Welt für die Menschen errichten zu wollen.

Eine Machtgruppe nahm sich zur Grundlage, konsequent die demokratischen Prinzipien der Freiheit, Gleichheit, Brüderlichkeit im gesellschaftlichen Leben zu verwirklichen. Ökonomisch sollte aber die Privatwirtschaft weiter bestehen bleiben. Andere, die Sieger einer Revolution, hatten den Plan, durch deren Abschaffung ein neues gesellschaftliches System aufzubauen. Das kapitalistische wurde durch eine Diktatur der arbeitenden Klasse ersetzt, mit einem ökonomischen Konzept der Produktion, deren Güter gerecht unter allen Menschen aufgeteilt werden sollten. Mit einem neuen Menschentyp sollte der Einzelegoismus durch ein solidarisches Verhalten untereinander verwirklicht werden. Es wurde Sozialismus genannt. Beide Systeme standen sich konträr gegenüber, auch mit dem Ziel der gegenseitigen Vernichtung. Das wäre auch fast einem Alleinherrscher gelungen. Doch durch einen aufopferungsvollen Abwehrkampf, mit unvorstellbarer Anzahl an getöteten Menschen und anderen massiven Zerstörungen, konnte dieser dann doch besiegt werden.

Doch in der weiteren Entwicklung waren in diesem sozialistischen Gesellschaftssystem, trotz vernünftiger Theorie, die natürlichen Neigungen zur Befriedung der Selbstverwirklichung nicht auszuschalten. In diesen etablierten sich Personen mit dem Vorrecht ihrer alleinigen Machtausübung. Man nannte sie Diktatoren. Verfechter anderer Meinungen und Argumente wurden meist unter der Behauptung, sie seien Feinde dieses gerechten sozialistischen Aufbaus, zum Schweigen gebracht, eingesperrt und sogar getötet.

Es entstand mit der Zeit ein massenhafter Widerstand, da die unterdrückte Selbstverwirklichung von den Menschen nicht zu ertragen war. Es gelang auch keine ausreichende Verteilung der notwendigen Lebensgüter zur Versorgung der Menschen.

Die Menschen wollten dort das Postulat der Freiheit auch für sich. In machtvollen Aufständen wurde dann dieses sozialistische System beseitigt. Aber nicht auf der ganzen Erde.

Die Überzeugung war groß, dass mit den Freiheitsgrundsätzen und einer privaten Wirtschaftsführung das menschliche Dasein besser zu gestalten sei. Das Handeln nach Vernunftgründen war darin aber nicht verankert worden.

Doch war dies überhaupt für alle zu verwirklichen?, kamen ihr so die Gedanken.

Die demokratisch geführten Gesellschaftssysteme und der privaten Vereinnahmung des erarbeiteten Mehrwertes blieben weiter bestehen. Die dort ansässigen Unternehmen vergrößerten immer mehr ihre Umsatzbereiche. Gestützt durch politische Herrschaftssysteme, konnten sich dann auch weiterführend ihre Firmen mit ihrem Warenumsatz in vielen anderen Ländern ansiedeln, sich niederlassen. Es wurde globale Marktwirtschaft genannt. Das brachte den Unternehmen, bezeichnet als Konzerne, eine hohe Steigerung ihrer wirtschaftlichen Umsätze sowie Gewinne ein.

Ausbeutung trotz digitaler Entwicklung?

Dazu erreichte man auch in der Entwicklung der Industrietechnisierung durch die Erfindung digitalgesteuerter elektronischer Geräte oder Maschinen eine weitere qualitative und massenmäßige Steigerung in der Warenherstellung.[54] Hier waren es wieder Einzel-

---

[54] Digitalisierung: Entwicklung ab ca. 1950, durch Verwendung

ne, die getrieben durch ihren forschenden Wissensdrang, aber auch damit, vermögend zu werden, maßgebliche Erfindungen vollbrachten.

Das Prädikat der freiheitlichen Entfaltungsmöglichkeit hatte sich bewährt, aber doch mit dem Ehrgeiz, sich selbst am besten verwirklichen zu können. Viele der arbeitenden Menschen erhielten dadurch auch die Möglichkeiten, in neuen Berufsfeldern tätig zu werden. Es waren zudem mental anspruchsvollere Beschäftigungen, aber körperlich nicht sehr belastend, und was für die Bestreitung der Lebensexistenz wichtig war, mit einer höheren Entgeltzahlung. Bedingung zur Ausführung dieser Arbeiten war aber die Aneignung eines hohen Fachwissens. Das intellektuelle Niveau, das Wissen bei vielen dieser Berufsgruppen, wuchs damit. Somit auch ihre Fähigkeiten, bestimmte gesellschaftliche Zustände zu erkennen und sie auch genauer zu hinterfragen. Von den Herrschenden musste dies, bei ihren Beeinflussungen der Menschen, mitberücksichtigt werden. Denn diese Wissenssteigerung konnte auch dazu führen, dass aus dem Vermögen eines umfangreicheren Kenntnisstandes, Entscheidungen oder Handlungen der politisch Herr-

---

elektrischer Impulse zur Steuerung eines Programmablaufes. In der Steuerung von Produktionsmaschinen löste dies einen qualitativen Herstellungsablauf aus. Genannt auch Industrierevolution 4.0. Vorherige Entwicklungsphasen aufbauend waren: 1. Agrar-, 2. manuelle, 3. mechanische, 4. elektronische Herstellung von Sachen.

schenden kritischer eingeschätzt wurden, woraus sich dann auch ein massiver, breiter Widerstand gegen den regierenden Staat entwickeln konnte.

Doch hier könnte sich gleichzeitig eines der Probleme anbahnen. Durch die immer mehr sich verbreitende Erledigung der anfallenden Arbeiten in der privaten Wohnung als Home-Office kommt es zu einer Vereinzelung der Mitarbeiter. Sie bleiben meist über einen längeren Zeitraum alleine und nur auf sich bezogen »in ihren vier Wänden«. Das sei aber kontraproduktiv dem Erscheinungsbild vom Menschen als »ein soziales Wesen«.

Allein in all seinen Entscheidungen vorgehend, kann dies somit ein egozentrisches Bestreben der Person hervorbringen. Damit ist die Gefahr gegeben, dass dieses System einer sogenannten Ellenbogengesellschaft noch weiter manifestiert werde. Jeder ist bestrebt, sich in seiner Privatwelt damit am besten verwirklichen zu wollen. Das Miteinander, geschweige denn die Solidarität, werde damit für den Einzelnen immer mehr zu einem Fremdwort. So wird diese Situation von einigen skeptischen Personen, vor allem Gewerkschaftsführern, beschrieben.[55]

Durch die Globalisierung entstanden gleichzeitig für viele der Arbeitenden in anderen Ländern gegen-

---

[55] Exemplarisch dazu die Meinung des IG-Metall-Vorsitzenden R. Hoffman und auch anderer Gewerkschafter (n. Wikipedia: Bedingungsloses Grundeinkommen, Für und Wider).

sätzlich dazu hohe existenzgefährdende Notlagen. Die Unternehmen verlagerten häufig ihre Firmen in sogenannte Billiglohnländer. Dort konnten sie durch die Absenkung der zu zahlenden Entlohnungen ihre Gewinne weiter steigern. Es wurden dazu riesige Produktionsanlagen in den einzelnen Ländern abgebaut und verlegt. Tausendfach verloren dadurch die dort Beschäftigten ihre Arbeitsplätze. Fanden meist auch keine anderen Arbeitsstellen für ihre Lebensexistenz. Es entstand Massenarbeitslosigkeit, die dann noch durch zeitlich auftretende, wirtschaftliche Warenumsatzkrisen immense gesellschaftliche Probleme erzeugten.

Das barg die Gefahr, dass es wieder zu gewaltigen Wider- und Aufständen führen konnte. Es wurden zu deren Vermeidung Sicherungsgesetze beschlossen, doch nur vereinzelt angewendet. Die massenhafte Notlage überspannte fast den gesamten Erdball. Pläne zur Vermeidung dieser möglichen sozialen Absicherung gab es zwar in den übernationalen Gemeinschaften, doch diese kamen kaum zur Anwendung.

Deren Realisierung scheiterte meist daran, dass man sie nicht finanzieren konnte. Aber auch, dass die im Staatsapparat oder Wirtschaftsbereich Herrschenden nichts von ihren politischen oder materiellen Privilegien abgeben wollten.

Sie dachte darüber nach und meinte so bei sich: Exemplarisch kam hier doch zum Tragen, dass man mit vernünftigen Ideen dem menschlichen Zusammenleben doch nicht dazu verhelfen kann, das Prinzip der Gerechtigkeit auch nur teilweise zu verwirklichen. Auch nicht mit den gewonnenen Erfahrungen durch zurückliegende menschlichen Lebenssituationen, aus denen man hätte lernen können, Alternativen zu schaffen. Die Befriedung der Selbstverwirklichung, der Egoismus, ist beständiger Ausdruck des menschlichen Verhaltens.

Es zeigte sich immer wieder, dass die Personen möglichst nicht ihre Machtpositionen einbüßen, verlieren wollten. Aber auch gepaart mit Überlegungen, für die Menschen ein besseres Dasein zu erzielen. Auch die demokratisch gewählten Politiker waren darum bemüht. Doch es war ein Weg, dass die naturbedingte Neigung des egoistischen Strebens mit der geistigen Befähigung zur Vernunft nur durch die Kritik und den Widerstand anderer zu regulieren sei. Als Prämissen sind dazu die in der demokratischen Verfassung festgelegten Grundgesetze über Menschenwürde, Meinungsfreiheit und dem Versammlungs- sowie Vereinigungsrecht sehr angebracht.

Die meisten Staaten auf der Erde wurden und werden aber noch nachweislich weiterhin aus reinem zielgerichteten Machtstreben einzelner Personen regiert. Zahlenmäßig nehmen diese Regierungsarten auch mehr zu, anstatt ab. Es kann einzig und alleine nur von den dort lebendenden Menschen entschieden werden, ob sie mit dem herrschenden System zufrieden sind oder es ändern oder abschaffen wollen. Das wird aber ohne Erhebungen von großen Menschengruppen und auch der Aufopferung vieler, vieler Menschenleben nicht zu verwirklichen sein.

Aber wird es nicht immer so sein, dass Einzelne es schaffen, eine vollkommene Machtfülle zu erreichen?, fragte sie sich selbst.

Es könnte aus den gemachten Erkenntnissen und Erfahrungen über die menschliche Struktur sowie der Entwicklung der Gesellschaften erklärt werden, dass auch beim Erreichen neuer gesellschaftlicher Situationen, durch Revolutionen, sich wiederum Systeme mit dem Bestreben von Herrschaftsverwirklichungen Einzelner herausbilden, deren Überwindung sich dann abermals nur durch Kritik, Widerstand oder Aufruhr vollziehen kann. Etwas für immer absolut Beständiges als richtigen, gerechten Zustand wird es nicht geben können. Man kann mit Bestimmtheit sagen, dass es einen ewigen Kampf zum Erringen besserer Lebensbedingungen geben wird, so lange wie Menschen existieren. Das Gute mit dem Bösen führt ewig Krieg, ohne dass es einen endgültigen Sieger geben wird.

Es liegt in der Natur der Menschen, sich von ihrer Selbsterhaltungsveranlagung leiten zu lassen, ihr Streben so auszurichten, dass sie für sich die günstigste Verwirklichung erreichen. Das andere wird nur dann akzeptiert oder respektiert, solange es diesem egoistischen Streben nicht im Wege steht. Bei tierischen Wesen ist es das »Fressen oder Gefressen-Werden«. Beim Kulturwesen Mensch ist es das »Herrschen oder Unterordnen«. Das menschliche Verlangen nach Herrschen beinhaltet sogar die Neigung, gleich einer immerwährenden göttlichen Erscheinung sich für alle Ewigkeit als unsterblich verherrlichen zu lassen.

Es hat sich gegenwärtig schon so weit entwickelt, im Streben größter Herrscher auf Erden zu sein, willentlich mit einem Knopfdruck einen alles vernichtenden Erstschlag mit Atomwaffen auszulösen. Die Furcht vor der gleichzeitigen eigenen Tötung schreckt einen solchen Machthaber davor sicherlich noch zurück. Sollte aber die Chance sich erhöhen, dass dieser selbst mit seiner engsten Gefolgschaft eine Chance zu überleben hätte, dann wird die Gefahr eines solchen Angriffs mit Atomwaffen immer wahrscheinlicher. Gegenwärtig lassen einige der Mächtigsten dieses auch verlauten. In der Entwicklung von Waffen mit begrenzten Auswirkungen, auch mit effektiver Abwehr von feindlichen durch eigene Abwehrraketen, sei man schon ein gutes Stück vorangekommen.[56]

Da kann es einem angst und bange werden. Es fröstelte ihr. Ihr fiel dabei noch weiter Bedrohliches ein.

Da war auch die immer mehr wachsende Industrieansiedlung, Urbanisierung der Städte, einhergehend mit

---

[56] Aussagen der ehemaligen Präsiden D. Reagan und D. Trump, USA, sowie dem nordkoreanischen Diktator. Auch ähnlich von dem chinesischen und dem russischen Staatsführer.

der immer höher steigenden Zahl von Menschen auf der Erde. Es ergibt sich daraus, dass zur Lebenserhaltung dieser immer mehr an Gütern produziert werden muss. Dieses trägt ein hohes Potential der Schädigung und auch Vernichtung der Natur, der Umwelt in sich.

Die Menschen mussten und müssen noch immer zum Umdenken erst begreifen, dass sie nicht gesondert über der Natur stehen. Leben und am Leben bleiben können ist nur im Einklang mit der Natur gegeben. Bei Vernichtung dieser, wie sie bis jetzt meist vorgehen, werden sie nicht diese, sondern sich selbst auslöschen. Die Natur oder auch Materie hat unbegrenzten Bestand, auch bei Veränderungen. Dass aber die Menschen bei Änderungen oder Vernichtung der Natur und ihrer Prozesse bestehen bleiben, das muss sehr angezweifelt werden. Doch die schädigende Einflussnahme auf die Atmosphärenluft, des Wassers, der Erdkruste kann, einmal herbeigeführt, nicht einfach oder schnell geändert, rückgängig gemacht werden.

Einmal in der Zerstörung geschehen, kann dieses immer der Ausgang im Naturprozess zur sich allmählich abzeichnenden Vernichtung der betroffenen Lebensarten sein. So ist es gut möglich, durch chemische oder auch genetische Veränderungen dieser winzig kleinen, aber doch für den Aufbau und Erhalt der aus Zellen bestehenden Gebilde ein Aussterben in Gang zu setzen. So wie eine Mutation, die aber den Umweltbedingungen nicht mehr angepasst ist, somit nicht existent bleiben kann. Eine Veränderung dort kann deren Untergang bedeuten. Auch wenn es sich über einen, für die Menschen kaum fassbaren Zeitraum erstrecken sollte.

Diese sogenannten Genveränderungen oder auch Plantationen werden immer mehr erprobt. Einmal, um bestimmte, ansonsten nicht heilbare Erkrankungen vermeiden zu können. Das könnte noch akzeptabel sein. Doch aber auch in nicht natürlicher Art und Weise, also künstlich Lebewesen, auch menschliche Wesen erzeugen zu können.

Sie schloss nun ihre Augen. Verspürte aber keine Angst in sich. Sah vor sich diese vielen Menschen, wissend und kämpfend, sich aufzuopfernd für eine Lösung all dieser Probleme. Konnte man doch einen Weg der Daseinserhaltung ohne Ausbeutung finden?

Ausbeutung als Realität

Die Menschen, sie waren befähigt, denken zu können. Durch ihre Erkenntnisanreicherungen lernten sie immer gründlicher zu verstehen, was in der Natur an Erscheinungen sich vollzieht. In welchen Bewegungsabläufen diese dort wirken und wie dieses Werden, Aufbauen, Erhalten, Verwandeln sich abspielt.

Vergleichsweise konnte man auch dieses in der Produktherstellung anwenden. Es blieb zwar unausweichlich, das, was die Natur bereitstellte, zur Verwendung zu entnehmen, auszubeuten, zu vernichten. Doch mit ihrem Wissen darüber konnte geplant werden, dass nicht eine endgültige Zerstörung, Vernichtung der Stoffe und Wesen geschah.

Auch hatte man die Fähigkeiten erworben, mit hergestellten Apparaten die allerwinzigsten Teilchen der Natur oder auch Materien zu erkennen. Erlangt durch dieses Können, ist es gegeben, diese nachzubauen oder auch diese in ihrem veränderten Aufbau ihrer Elemente in anderer Art zu erschaffen.

Man war danach fähig, durch deren Verwendung nichts zu vernichten, sondern wissentlich trotz Abbau das meiste zu erhalten. Aber auch hier blieb es so, dass die meisten, um ihren Selbsterhalt zu gewährleisten, bei deren Verwendung die Zerstörung der Natur weiterhin betrieben.

Doch in einigen Ländern der Erde vollzieht sich hoffnungsvoll allmählich ein Umdenken, dass der Verbrauch von Naturprodukten nicht immer mit einer Vernichtung dieser einhergehen muss. Es wird nachhaltiges ökologisches Wirtschaften genannt. Die Chance, dass diese Ökonomieart sich durchzusetzen scheint, kann durch den Globalisierungsprozess, der erdumspannenden Herstellung und Verkauf der Produkte, sich als günstige Ausgangssituation erweisen. Es bedarf dazu aber einer Politik des friedlichen, gleichberechtigten Nebeneinanders. Die Androhung der Vernichtung anderer müsste dazu überwunden werden. Dass sich diesem die Menschen, welche ihren allumfassenden Machtanspruch anstreben, anpassen werden, wird auf freiwilliger Basis nicht zu realisieren sein. Es wird, so wie die geschichtlichen Erfahrungen zeigen, über einen erdumspannenden Widerstand ermöglicht werden können. Nur somit kann sich die immer wirkende naturveranlagte Neigung der Verwirklichung einer zielbestrebten Selbstverwirklichung, sogar mit dem von der Vernunft geleitetem Wissen, in beiderseitiger Ergänzung verbinden.

Vielleicht tritt ein Verkünder mit den Idealen des Wissens, des Kampfes, der Erhaltung der Natur, des Lebens mit überzeugenden Handlungen in Erscheinung.

Doch auch wenn er erscheinen sollte, so würden sich die, die ihm begegneten, an die Nichtfassbare wenden mit der Frage, was sie denn nun auf ihrem langen Weg des überall wieder Auftauchens erfahren könnten?

»Nun ja«, meinte sie etwas unsicher wirkend. »Diese Ausbeutung der Natur, auch der Menschen durch andere zu ihrem Nutzen, die ist und wird noch weiterhin Realität bleiben. Die Menschen sind noch darin gefangen, dass sie zur Existenzerhaltung die Natur und selbst als Geschöpfe der Natur auch ihre Mitmenschen ausnutzen wollen. Die es anwenden, wachen auch sehr darüber, dass diese Gefängnismauern nicht so ohne weiteres abgetragen werden.«

Eingekerkert zu sein, um existieren zu können, doch beaufsichtigt von seinesgleichen, einem Kerkermeister, das wird als Nächstes beschrieben.

Die Suche, die verschlossene Festung doch zu öffnen, dies können nur die Menschen selbst vollziehen.
Wie werden sie dazu wissentlich und kämpfend handeln?

4. TEIL

Vom Eingekerkerten zum Kerkermeister

Vernichten sie sich schon vorher? Oder schaffen es die Menschen, bestehen zu bleiben, bis zur alles umwandelnden Supernova der Sonne? Haben sie vielleicht schon den Grundstein für ihre vorherige Auslöschung in diesem ewig Wirkenden, dieser Natur gelegt?

Der Anfang wurde vollzogen

Fließen, alles fließt![57]

Woher kommend nur?

Von Nord im weißen Gewande, alles vor Kälte erstarrend lassend.

Von Ost, immer brausend, nie abebbend.

Von Süden, heiß und heißer, alles verdorren lassend.

Von West, mittragend das graue Weich, sich ergießend über dem riesigen grünen Teppich.

»Wo habt ihr vor, euch zu treffen in gemeinsamer sich entladender Kraft?«, so fragte die über ihnen schwebende Nichtfassbare nach.

Wir sind ewiglich wirksam. Alle können uns hören. Nur unser gemeinsames Singen, das versteht kein anderer. Nur wir selbst kennen dessen Inhalt. Nur eins müsst ihr euch gut merken. Brennt es euch ein. Tragt es überall hin. Wir sind euer Atem, auch Odem des Lebens genannt.

Schwarz gefiedert waren diese Vögel. Sie flogen dem sich schroff und kahl zeigenden Gipfel des Berges

---

[57] Damit wird dargestellt, dass in der Natur alles in Bewegung, in unaufhörlichem Werden und Vergehen sich befindet. Von den Elementarteilchen bis hin zu allen Lebensarten. Bewegung ist die Daseinsweise der Materie, eingeschlossen auch das Geistige (vgl. Lit. R. O. Gropp, Grundlagen des dialektischen Materialismus, S. 44 ff.).

entgegen. Blieben aber nicht die Alleinigen. Denn unten, auf der Erde, schauten zwei dieser vierbeinigen Graufelligen mit kalten Augen hoch zu den Rabenvögeln.

Waren es die Vorboten einer dunklen Zeit?

Dumpf klangen im Wald die Hornsignale. Mit dem Verblassen des Tages tauchten vielzählig, von überall her, diese zweibeinigen Lebewesen auf. Sie bildeten dicht gedrängt einen Kreis, umringten einen, in der Mitte des Waldes wachsenden, mächtigen Nadelbaum.

Diese Wesen, es waren Menschen, wussten schon von jeher, dass dieser Baum mit seinen immergrünen Zweigen und rotglänzenden Früchten der Mittelpunkt ihrer Welt war und in seiner Unterwelt, den Wurzeln, die Quelle aller Gewässer entsprang. Aufstrebend dem Lichte zu, die Wurzeln dann in einen Stamm und drei Ästen sich aufstrebend verzweigend. Einer den Göttern, einer den Riesen und einer in der Mitte senkrecht dem ewig Wirkenden entgegenstrebend. Da, wo die Wurzeln endend in den Stamm verliefen, da saßen sie, diese Schicksalsfrauen, genannt auch Nornen. Sie weissagten, was war, was ist und was sein würde.

Die Männer groß und stark, mit rauen Gesichtern und kalt wirkenden Augen, umkreisten mit dumpf klingendem Gesang im Rhythmus ihren Weltenbaum.

Tam, tam – tam, tam –, so klang es aus ihren Kehlen!

Dann trat sie hervor. In einem langen, umgürteten Gewand. Hochhaltend einen Stab. Orakelnd gen Himmel zeigend. Sie war es, die Mittlerin zwischen dem senkrecht hochstrebenden Ast des Baumes zum Himmlischen und den unten verbundenen Menschen.

Sie hatte keine frohe Botschaft zu verkünden. Es würden Krieger in Heerscharen auftauchen. Alles, was ihnen im Wege sei oder Widerstand leiste, werde vernichtet. Ja, es werde dann noch Schlimmeres geschehen. Sie würden in ihrer Gewalt und Gier auch den Baum des Lebens, der alles verbindet, mitvernichten und viele seiner ebenbildlichen Nachkommen.

Ein Wehklagen und Aufbäumen ging durch die Reihe der Versammelten. Doch die Weise streckte wieder ihre Arme den himmlischen Wesen, diesen ewig Wirkenden, doch Unbegreiflichen, entgegen.

Voller Tränen, schmerzverzehrend würde es andauern. Für die Menschen eine lange, sehr lange Zeit. Danach könne es sein, eine Stimme zu hören, die viele der Menschen herbeigesehnt hätten. Was würde sie verkünden? Vielleicht dieses: »Mit Wissen, Kampf und der Liebe könntet ihr noch lange den Odem, euren Atem, bewahren.«

Doch es half ihnen erst mal nichts. Die Eroberer kamen, fällten ihren Weltenbaum und töteten viele aus ihrer Gemeinschaft. Das Blut der Gemordeten floss in Strömen und gab der Erde einen rötlichen Schein.

Diese Weise, aber Nichtfassbare, die verbunden war mit

dem Unbegreiflichen – doch laufend von den Mächtigen verfolgt –, musste mit ansehen, wie ihr Baum, welcher Erde und Wirkendes verband, vernichtet wurde. Sie schaute noch, als er fiel, hoch zu ihm. Da vernahm sie, dass sein Odem, dieser Atem, welcher Leben bedeutete, aus ihm entwich. Sie ahnte und wusste es auch, dass so im weiteren Verlauf den Lebewesen ihr zum Leben entscheidender Stoff immer mehr verloren gehen würde. In welchem Zeitraum? Eine Zeit zu nennen, das war ihr unbekannt. Denn dies hätte eine Endlichkeit in sich getragen. Doch es gab nur eines, und das war dieses immer Wirkende. Dieses wusste es genauestens: Es konnte schon morgen oder auch in unermesslicher Zukunft sein, in dieser nicht endenden Bewegung. Dann kam ein im Panzer verhüllter Krieger auf sie, diese Weise, zu, drohend mit einem Schwert und enthauptete sie. Sie löste sich auf, und der Wind trug alles von ihr davon.

Viele der Menschen aber überlebten, trotz Loslösung von ihrem Weltenbaum. Mit ihren Befähigungen, zu begreifen, zu erfassen, zu handeln. Sie verstanden es, immer auf der Suche in ihrem gelösten Werden, von der Natur mit dem, was diese darbot, auch wachsen ließ, für ihr Dasein zu nutzen. In ihrem Begreifen, dieses Heiße, das Feuer, zu zähmen, nahmen sie die Pflanzenkörper, um mit diesen die gesammelten Erd- und Steinklumpen flüssig zu machen. Formten dann aus diesem Guss Gegenstände für ihren Gebrauch zum Leben, aber auch zum Töten.

Große Waldflächen wurden dazu verwendet, sodass immer mehr von diesem aufbauenden Odem ausgelöscht wurde.[58]

Doch es war ja noch genügend von dem, was die Natur hatte gedeihen lassen, da. Die suchenden Menschen sahen das auch, und sie nahmen unbekümmert der Natur ihre Geschöpfe, ihr Erschaffenes weg. In der Erahnung, dass das, was die Natur hergeben musste, von ihr auch wieder aufs Neue hervorgebracht werden konnte.

Es war nicht ihre alleinige Absicht zu zerstören, zu vernichten. Nein, sie mussten so handeln, da sie, diese Natur, die sie als Menschenwesen hervorgebracht hatte, doch aber sie in ihrer Existenz sich selbst überließ. Nun mussten sie mit eigener Befähigung dieses um sie Bestehende verwenden, damit sie in ihrem Dasein nicht dem eigenen Untergang preisgegeben waren. Aus ihnen waren Wesen geworden, zwar stammend aus der Natur, doch aber in ihrer Existenz losgelöst von dieser. Sie entwickelten immer mehr die Befähigung, in ihrem aufrechten Gang zu begreifen, planen und etwas herzustellen.

Der ewig Wirkende, dieser Unbegreifliche, überschaute dies alles. Sogar auch mit eigener Genugtuung. Waren diese entstandenen Wesen nicht nun auch wie er geworden und in der Lage, selbst schöpferisch zu wirken? Er fand damit immer mehr Gefallen an ihnen.

---

[58] Große Waldrodungen wurden in Europa zum Nutzen von Ackeranbauflächen so ab dem 11. Jhd. vorgenommen.

Musste aber doch mit seinen Gefühlen für sie zurückhaltend sein, da es viele andere erschaffene Geschöpfe gab, die auch seiner Hinwendung, seiner Fürsorge, seiner Liebe bedurften. Sie brauchten die Bindung, um nicht in einer Traurigkeit, die auch zerstörerisch wirken konnte, zu versinken.

Er beriet dies mit seinen anderen sich ewig Wirkenden. Man kam in gemeinsamer Eintracht überein, dass man diese zweibeinigen Wesen noch weitersuchen lassen sollte. Da man ja die Gewissheit hatte und auch wusste, dass sie einen Zwang zur Selbsterhaltung in sich trugen. In dem Gesprächskreis fiel dann auch das Wort »Eigennutz« zur Bezeichnung dieser Erdenmenschen. Ja, und wenn sie nicht aufpassten, sich mit diesem sogar selbst zugrunde richten konnten. Ein mitleidvoll wirkendes Schmunzeln verbreitete sich in der Runde. Man schaute sich gegenseitig an, mit dem Ausdruck, es sei ja kein Geheimnis, dass ein Ende dieser aufrecht gehenden Wesen mit ihren Fähigkeiten, begreifen zu können, irgendwann kommen würde. So wurde es unter den sich ewig Wirkenden, den Unfassbaren, verkündet.

Der Mensch gebraucht die Natur

Die Menschen aber, in ihrem suchenden Streben, machten weiter. Es gab immer wieder Zeiten, in denen man annehmen musste, dass es, wenn sie sich nicht ändern sollten, kein Überleben mehr für sie geben werde. Doch sie schafften es überraschend, sich von diesem fast schon vernichtenden Unheil zu erholen, zu genesen. Hatten sogar das Verlangen, in wachsender Anzahl ihrer eigenen Arterhaltung sich weiter zu vermehren. Im Bestreben, diese alle am Leben zu erhalten, mussten nun auch von der Natur abgeschaute, nachgeahmte Dinge anders geplant und erschaffen werden. Es waren für die Menschen vor allem nutzbare Stoffe und Pflanzen, auch viele Tierarten, die sie für sich heranzüchteten. Diese töteten, um von ihnen leben zu können.

Der Mensch gebraucht seinen Nächsten

Doch auch dies trugen sie in sich, danach zu streben, in eigennütziger Selbsterfüllung die günstigsten Bedingungen zu schaffen. Rasch lernten sie, dass alles, welches zum Dasein so notwendig sei, allein nur durch ihr Handeln, ihren Arbeitseinsatz entsteht. Das war aber mit großer Anstrengung, auch qualvoller Mühsal verbunden. Dieses könnte man doch ausschließlich den anderen aufbürden. Sich mit dem, was sie erzeugt hatten, ohne eigenes Mittun bereichern. So werden einige dies begriffen haben, und sie fingen an, ihre Gedanken zu realisieren. Der Drang nach Selbsterhaltung und Wissen war danach Ursache dieses zweckmäßigen Verhaltens. Vor allem dann, wenn sie von den anderen als Stärkster, bester Jäger oder Sammler anerkannt worden waren.[59]

Die so Bewunderten in der Gruppe bauten sich bei Zunahme ihrer Vorrangstellung eine bewaffnete Gruppe auf, bezeichnet als Krieger. Sie überfielen, eroberten, plünderten, zerstörten, töteten und machten auch unzählige Gefangene. Diese verschleppten sie in ihre Herrschaftsbereiche. Ließen sie für sich und ihre Ergebenen die notwendigen Arbeiten verrichten. Man nannte sie Arbeitssklaven. Sie waren ihnen als Menschen nicht gleichwertig. Erhielten nichts für ihre erbrachte Arbeit und wurden, so wie die Nutztiere, bewacht in Stallungen gehalten. Wer von ihnen nicht mehr arbeiten konnte, wurde beseitigt. Was sollte man mit einem nutzlosen Arbeitstier? Dies war für die Herrschenden und auch anderen Bewohner ein herrliches Dasein. Man kam sogar zu der Überzeugung, dass das Arbeiten rein etwas Tierisches, aber keine Eigenschaft des Menschen sei. Den Göttern seien diejenigen gefällig, die andere für sich arbeiten ließen. Es war verpönt, sich die Hände schmutzig zu machen. Das überließ man diesen Arbeitstieren.

---

[59] Erkenntnisse aus der Psychoanalyse von S. Freud, 1856-1939, Vorhandensein eines Triebes im Menschen, bewusst Handelnder durch Prägung seiner Kultur. Er nannte diese Faktoren: Es (Trieb), Ich (Bewusstsein), Überich (Kultur); (Lit. vgl. S. Freud, Abriss der Psychoanalyse, S. 9 ff.).

Nächstenliebe als Hoffnungsschimmer?

Irgendwann, viele, viele Jahre nach den immer wieder erforderlichen, mit vielen Opfern dieser Ausgebeuteten verbundenen Kämpfen, gelang es dann, die gesellschaftlichen Verhältnisse der Sklaverei, der Selbstverwirklichung seines Eigennutzes, hörbar für viele anzuprangern und zu verkünden, dass es auch eine Liebe für den Nächsten geben müsse. Dass vor dem Göttlichen alle gleich seien. Das war ein Hoffnungsschimmer am Horizont für viele Menschenwesen. Es gelang aber damit wiederum nicht, ihre Ausbeutung und Unterdrückung als Arbeitssklaven zu beseitigen. Die Menschen forderten weiter die Verwirklichung ihrer Freiheit zur Erfüllung ihrer eigenen Entfaltung. Dazu, immer auf der Suche, erweiterte sich zunehmend ihr Wissen und damit auch die Aneignung neuer Erkenntnisse, Erfindungen und Entdeckungen.

Doch die vorhandenen Machtverhältnisse blieben weiter bestehen. Die ungerechte Ausbeutung der arbeitenden Menschen zur Selbsterhaltung im Eigennutz der Herrschenden blieb. Es waren nun keine Arbeitssklaven. Sie wurden als Leibeigene oder Hörige der Machthaber bezeichnet. Diese letzteren besaßen fast das gesamte Umland. Waren die Eigentümer der zu bearbeitenden Anbauflächen. Die Hörigen mussten sie nun bewirtschaften, bepflanzen und ernten sowie von den Erträgen einen hohen Anteil an die sogenannten Feudalherren abgeben. Eine Mitsprache, ein Mitentscheiden für sie, gab es nicht. Sie durften auch nur mit Genehmigung ihrer Beherrscher ihre Wohnorte wechseln. Auch in vielem anderen blieben sie rechtloses Eigentum ihrer Gebieter. Es gab für sie keine persönlichen Freiheitsrechte, sich selbst auch verwirklichen zu können. Weder konnten sie Lesen und Schreiben noch richtig das Sprechen erlernen. Durch Kriege, Seuchen und Krankheiten wurden Unzählige von ihnen zusätzlich hingerafft.

Trotz alledem überlebten auch viele von ihnen. Sie erreichten es, sich in weiterer steigender Anzahl zu vermehren. Es entstanden immer mehr und größere Wohn- und Wirkstätten, genannt auch Dörfer und Städte.

Die Nichtfassbare ließ sich vom Winde über die Erde tragen. Überall überschaute sie noch große Gebiete mit ihren grün bedeckten Wipfeln. Dann vernahm sie in den dunklen Wäldern hart klingende Geräusche:

Durchmischt mit menschlichen Stimmen. Diese hatten ihre Metallgeräte so weit entwickelt, dass sie sogar fähig waren, auch die größten Bäume zerstören, fällen zu können. Sie wandelten damit riesige Waldgebiete zu Ackerland und Weiden um. Aber wieder nicht aus einem reinen Drang der Zerstörung! Zum Erhalt ihres Daseins benötigten sie immer größere Anbauflächen für ihre Bepflanzungen, genannt Getreidefelder, und ihre Nutztiere. Es wurden immer größere Mengen an Nahrungsmitteln gebraucht. Auch für den Bau ihrer Wohn- und Wirkstätten verwendeten sie diese gerodeten Flächen. Mit ihren weiterentwickelten Fähigkeiten zur Nutzung der Naturstoffe, der Erde, dem Feuer, dem Wasser, der Luft gelang es ihnen, diese für ihre Existenz besser zu verwerten. Dies geschah überall auf dem Erdenball. Sie hatten nun auch erkannt, dass die Erde keine Scheibe war, sondern eine Kugel, die sich in Abhängigkeit einer riesigen Feuerkugel, der Sonne, um diese dreht.[60]

Befähigt wie sie waren, suchten und handelten sie weiter. Zur Herstellung ihrer notwendigen Dinge erfanden sie dann Geräte, die eine menschliche Betätigung erleichtern, sogar ersetzen konnten und auch viel, viel schneller und präziser in deren Herstellung waren. Erst waren es reine, sich bewegende mechanische Geräte. Dann kam der Durchbruch von etwas ganz Neuem. Mit den Bewegungsabläufen und der Kraft, die in den Naturstoffen steckte, der so genannten Elemente, baute man mit Elektrostrom betriebene Geräte. Sie wurden als Maschinen bezeichnet. Man musste diese nur einschalten und ergebnisbestimmt steuern. Sie ersetzten aber nicht vollkommen die menschliche Arbeitskraft. Die Anzahl der Arbeitenden erhöhte sich sogar, da immer mehr Menschen zum

---

[60] Aus dem geozentrischen wurde das heliozentrische universelle Weltbild. Erkannt und beschrieben von dem Astronomen Nikolaus Kopernikus, 1473-1543. Dann weiter ausbauend durch Giordano Bruno (1548-1600), verbrannt als Ketzer, Johannes Kepler (1571-1630) und Galileo Galilei (1564-1642?), Entdecker auch der meisten mechanischen Naturgesetze.

Planen, Bauen, Bedienen dieser Maschinen benötigt wurden. Diese Gruppe nannte man Arbeiter, Angestellte oder auch Lohn- und Gehaltsempfänger.

Es bildete sich immer mehr ein gesellschaftlicher Zustand heraus, dass Einzelne in ihrem Streben, ermöglicht durch diese Maschinenproduktionen, deren Erzeugnisse als Waren den Menschen zur Bestreitung ihrer Lebensexistenz zum Verkauf darboten. Die zur Herstellung der Waren benötigten Arbeiter erhielten dann von diesen, genannt Unternehmer, einen Teil ihrer erbrachten Arbeitsleistung als Entlohnung, mit der sie ihre Existenz zu sichern versuchten. Meist mussten sie dazu schwer und lange arbeiten. Auch Frauen und Kinder ließ man in den Werkhallen arbeiten.

Freiheit und Gleichheit kommen sich näher

Dieses vorherige, bis dahin feudale Hörigkeitssystem hatte sich damit immer mehr erübrigt. In gewaltigen Aufständen, Revolutionen, wurde es fast gänzlich verdrängt. Die Ideale eines Zusammenlebens sollten in »Freiheit, Gleichheit, Brüderlichkeit« errichtet werden. Die vorherige ideelle Verkündung mutvoller Prediger, zu glauben, zu hoffen und alle zu lieben, hatte viele der Menschen enttäuscht. Doch diese neuen höchsten Werte des Zusammenlebens waren auch aus ihnen weiterentwickelt worden. Der Umbruch kostete aber wieder einen hohen Blutzoll an menschlichem Leben.

Das gab auch denjenigen Auftrieb, die mit der Verwirklichung ihrer Ideen erreichen wollten, einmal für die anderen deren Dasein sicherer zu machen. Aber auch zur Selbstverwirklichung für sich, einen hohen Gewinn, sogar Reichtum zu schaffen. Auch häufig mit einem Interesse verbunden, Einfluss auf eine Machtfunktion zu gewinnen oder sogar diese selbst in ihren Herrschaftsgebieten ausüben zu können.[61]

Die Produktion der Waren stieg immer mehr an. Der Verbrauch durch die zahlenmäßig wachsenden Menschen, der Bevölkerung, wurde immer größer, die Maschinen zur Herstellung der notwendigen Güter immer besser entwickelt und gebaut. Es wurden große Wirkstätten gebaut. Man bezeichnete diese als Fabriken, und in der gesamten Benennung dieser Warenherstellung nannte man sie Industrieproduktion.

Zur Verarbeitung wurden aber auch immer höhere Mengen an Naturprodukten gebraucht. Aus der Erde die flüssigen und gasförmigen Stoffe sowie auch Fossilien. Das Wasser zur Kraftgewinnung und zur Kühlung. Die Pflanzen und Bäume zum Gestalten, aber auch durch ihre Verbrennung zur Wärmeerzeugung. Die Luft wurde immer stärker mit giftigen Stoffen belastet, die bei diesen Wärme- und Bewegungser-

---

[61] In den Geschichtsbüchern wird dafür exemplarisch immer wieder die »Kaufmannsfamilie der Fugger aus Augsburg« genannt.

zeugungen entstanden oder ausgestoßen wurden. Sogar dem ewig Wirkenden, wenn er diese Industriegebiete überflog, fiel das Atmen schwer. Viele Menschen wurden durch diese Verschmutzungen krank. Siechten unheilbar dahin. In ihren Körpern bildeten sich immer häufiger nicht heilbare Wucherungen. Genannt auch Krebsgeschwulste.

Vor allem der Umbau der noch riesigen urtümlichen Waldgebiete wurde durch massenhafte Rodungen immens vorangetrieben.

Sie hatte überraschend dafür auch Verständnis.

Durch das Anwachsen der Erdbewohner brauchten sie ja ihre eigenentwickelten Pflanzen-, Getreidefelder und auch Graslandschaften für ihre Nutztiere, um sich damit sättigen zu können. Beides war ja notwendig zum Existieren, Wachsen und Gedeihen. Aus den Pflanzen erzeugten sie ihr »täglich Brot«, und das Fleisch der Tiere stärkte ihre Kraft zum Leben. Nicht umsonst hieß der Leitspruch vieler: »Erst kommt das Fressen, dann die Kultur.« Doch nicht für alle wurde dieses dann auch Realität.

Ja, und was war denn mit denjenigen, die es durch ihre freie Entfaltung oder auch Selbstverwirklichung erreicht hatten, überall diese Produktionsstätten der Herstellungen, Verwertungen nicht nur so zu führen, was sich gut verkaufen lasse. Auch, da sie Eigner dieser waren, sie so umzusetzen, um damit einen hohen Nutzen mit ihnen zu erzielen. Es wurde auch Umsatz, Profit, Gewinn der Unternehmer genannt.

Sie, die Nichtfassbare, verabredete sich mit ihnen, den größten dieser Unternehmer, bezeichnet auch als Kapitalisten[62], um auch ihre Meinung zu berücksichtigen. Sie legten doch großen Wert darauf, dass alle gerecht von ihnen behandelt wurden. Doch nur einige Wenige verstanden so richtig deren Berücksichtigung für ihre Lebensweise. Sie stellten ihre Vorgehensweise nach langem Nachdenken in positiver Einschätzung dar. Die Produkte der Natur müssten zwangsläufig zur Herstellung der lebensnotwendigen Verarbeitung für die Menschen abgebaut, verwandelt, sogar vernichtet werden. Das ginge nicht anders. Sogar ein von vielen verehrter, nicht voll zu Begreifender hatte schon den Menschen mitteilen lassen, dass sie sich nur durch ihre Produktion ihre Lebensexistenz sichern könnten. Es wäre der einzige Weg, um nicht wieder von der Erde verschwinden zu müssen. Nicht ausgelöscht zu werden von diesem ewig Wirkenden.[63]

Dass wir nun auch bestrebt sind, mit dem Erreichen unserer Selbsterhaltung auch reich zu werden, liegt doch in der Natur dieser Sache. Es ist doch auch die Ausfüllung dieses Freiheitsideals. Wie wurde dieses

---

[62] Begriff aus der Theorie, die die Gesellschaft in antagonistische Klassen beschreibt. Die jetzigen werden als Kapitalisten-Arbeiter-Klassen bezeichnet.
[63] Gemeint ist damit Henry Ford (USA), der als erster die Fließbandtechnik zur Produktion von Fahrzeugen einsetzte.

in Worten postuliert: »Jeder ist seines Glückes Schmied.« Der Satz drückt doch richtigerweise aus, wie freiheitliches Leben verwirklicht werden kann. Unter verbindender Berücksichtigung mit der Gerechtigkeit haben wir doch über eine angemessene Entlohnung der Arbeitenden erreichen können. Ihr Entgelt ist nun wirklich ausreichend, um damit zu existieren. Sollte es mit dem Umsatz einmal stocken, dann ist dieses geschaffene Gesetz der Arbeitslosenhilfe sehr dazu geeignet, keine Not unter den Menschen aufkommen zu lassen, so vernahm er es vielfach, von ihnen vorgetragen. Sogar viele sehr Wissende, die sich eingehend mit diesen Zuständen beschäftigt haben, stimmten uns zu.

Doch dann kam es zur Explosion, wie ein überhitzter, mit Wasser gefüllter, geschlossener Kessel.

Die Unternehmen hatten zu viel an Waren produziert. Es gelang ihnen aber nicht, diese zu verkaufen. Sie mussten daraufhin Tausende, Abertausende ihrer Lohnempfänger entlassen. In den Ländern, in denen es zwar nun eine finanzielle Unterstützung gab, kam unglücklicher Weise hinzu, dass das Geld zum Erwerb der notwendigen Sachen immer wertloser wurde. Die Absicherung der Lebensexistenz schwand immer mehr dahin.

Das rief die Erneuerer einer anderen, gerechteren, menschlicheren Gesellschaftsidee auf die Weltbühne.

Mit dem Ideal eines Sozialismus, entstehend durch die Revolution und Machtübernahme der Arbeiterklasse und ihrer Verbündeten. Es hatte die Abschaffung des kapitalistischen Wirtschaftens und der menschlichen Ausbeutung der Arbeitsleistungen durch andere zum Inhalt sowie die für alle ausreichende Produktion und Herstellung von Waren auf der Grundlage eines wissenschaftlich-ökonomischen Planes. Die Ideale des Wissens, der Gleichheit, der Gerechtigkeit sollten so aufgebaut werden. Damit das gelinge, müsse aber eine Staatsmacht, die dies alles kontrolliert, gegeben sein. Sie wurde als Diktatur des Proletariats bezeichnet.

Es begeisterte viele der Menschen auf der Erde, und es gelang auch durch Revolutionen dieser gesellschaftliche Umbruch.[64]

Soziale oder sozialistische Demokratie?

Doch dann, nach einer Aufbauphase, zeigten sich die Probleme. Was die Menschen an lebenswichtigen Gütern brauchten, konnte nicht in angemessener Qualität und vor allem notwendiger Quantität hergestellt werden. Auch dadurch, dass die noch anderen kapitalistischen Länder in einem erbitterten Konkurrenz-

---

[64] Das waren die Revolutionen in Russland, 1917 unter der Führung von I. Lenin. Auch etwas später in China 1934/1935, Revolutionsführer war Mao Tse-tung. Dann weitere in anderen Ländern wie Kuba mit dem Revolutionär F. Castro, Vietnam u. a.

kampf mit diesen neuen immer wieder die Sieger blieben. Doch auch in der Entfaltungsmöglichkeit des Einzelnen gelang es nicht, die Menschen so weit zu bringen, dass sie trotz Wegfalls des Eigennutzes zu überzeugen waren, Leistungen zu erbringen, die für beide, nun auch übereinstimmend sogar, einen Nutzen haben und ihre Selbstverwirklichung im sozialen Nutzen eingebracht werden sollte. Sie ließen sich nun gerne versorgen, ohne dazu eine eigene Leistung erbringen zu wollen. Politisch hatte man vor, einen neuen sozial fühlenden Menschentyp zu schaffen. Doch es gelang nicht. Der innere Drang zur eigenen Erhaltung führte meist dazu, sich selbst erst mal verwirklichen zu wollen.

Ja, und damit zusammenhängend war, dass Menschen ihre innerste Neigung der Selbstverwirklichung weiter ausleben wollten. Vor allem in der Machtausübung gingen sie so vor, dass sie, überzeugt von ihren Ideen, eine bessere Welt zu schaffen, keine andere, geschweige denn kritische, Meinung zuließen. Diese Menschen, welche das doch taten und andere Vorschläge hatten, wurden meist verfolgt, eingesperrt oder sogar getötet. Auch zu ihrer Existenzsicherung eigneten sie, die Herrschenden, sich Sachen an, die für die meisten anderen unerschwinglich waren.

Dieses hielt etwa ein halbes Jahrhundert mit viel Widerstand und Aufständen an, die alle mit Waffengewalt niedergemacht wurden. Immerhin wurde aber in diesen Ländern häufig ein wissensförderndes

Schulsystem, auch ein kostenloses Gesundheitssystem, aufgebaut. Die Mieten zum Wohnen waren sehr niedrig. Dazu gab es keine Massenarbeitslosigkeit mehr.

Fast das gesamte sozialistische System löste sich auf, als ein veränderungsfreudiger Staatsherrscher in einem dieser Länder, der UdSSR, diese Probleme erkannte und dazu aufrief, mehr Offenheit (Glasnost) in den Meinungen bis hin zu einer demokratischen Umgestaltung (Perestroika)zu wagen.

Das wirkte wie ein Weckruf für viele Menschen in diesen Staaten. Mit großen Demonstrationen gegenüber den Regierenden wurden wieder die Fanale der Freiheit, Gleichheit und Brüderlichkeit eingeführt. Das lag sicherlich in deren innerlich wirkenden Veranlagungen, vor allem an ihrem Bedürfnis der freien Entfaltung. Eingeschlossen ihre Neigungen zur Selbstverwirklichung, auch in eigennützigen Absichten.

Damit entfaltete sich das Streben, vorwärtsbringende Erkenntnisse zu deren Verwirklichung umzusetzen, die allen durch deren Warenerwerb zugutekommen sollten. Damit verbunden sei es dann auch gerecht, wenn Einzelne durch ihr schöpferisches Streben sich einen hohen Gewinn erwirtschafteten, so wurde argumentiert.

Ausbeutung der Natur und der Menschen zum Wohle aller?

Auch die Erhaltung der Natur könne dabei doch immer mitberücksichtigt werden, meinten sie. Durch Wiederaufforstung, Neuanpflanzungen der Wälder, Bäume, Sträucher, dem Grünland. Die dortigen Lebewesen würden dadurch mit geschont. Auch die dazu gebrauchten Apparate, Maschinen seien doch immer besser geworden, da sie häufig schon keine oder nur ganz geringe Schadstoffe in die Umwelt abgäben oder auch schonend abbauten. Das müsste doch überzeugen, in dieser Art und Weise weiterzumachen. Vor allem diese Freiheit wäre doch wie ein Geschenk an die Menschheit. Dazu noch diese ausgleichenden Unterstützungen in Situationen der Notlage. Mit denen komme man doch auch ein Stück der Gerechtigkeitsverwirklichung näher, hörte man sie argumentieren.

Für die Nichtfassbare klang dies auch alles überzeugend in ihren Ohren. Sie bekräftigte sogar ihre Zuneigung zu ihnen.

Diese von den Wirkenden, den Unbegreifbaren vormals erschaffenen Geschöpfe hatten nicht nur Geist, sondern waren auch klug in ihrem Denken, Handeln geworden. Dazu meinte die Nichtfassbare auch, dass sie, trotz ihres Eigennutzes, doch auch nicht nur begabte, sondern auch von der Vernunft Geleitete, rücksichtsvoll Handelnde geworden seien.

Jedenfalls so ab und an trat dies in ihren Entscheidungen hervor.

Sie ging dazu über, sich doch mal diese Zustände, Situationen mit einem etwas kritischeren Blick, wie es ihrem Wesen entsprach, anzuschauen.

Da sie sich so gerne mit dem Wind in den Wolken oder dem Blau des Himmels fortbewegte, überprüfte sie als Erstes die sie umgebende Luft, die Atmosphäre. Wie sah es dort aus?

Ja doch, es waren einige Länder und Herrscher, die ernsthaft vorhatten, durch weniger Ausstoß der Abgase die Luft in einen besseren Zustand zu bringen. Aber doch erst sehr wenige. Die Temperatursteigerungen auf dieser sich wunderbar blau und milchigweiß zeigenden Erde nehmen aber doch weiter zu. Die von der Atmosphäre zurückgehaltene Wärmeabstrahlung steigt an. Dadurch ändert sich dann auch das Erdklima. Das Eis an den Polen der Erde schmilzt immer mehr. Der Wasserspiegel der Meere steigt und überflutet immer mehr die Küsten. In bestimmten Gebieten gibt es immer häufiger auftretende unwetterartige Sturm- und Regenfälle. Während andere einer hohen Trockenheit ausgesetzt sind, die alles verdorren, nichts gedeihen lässt. Oh, es muss mehr erfolgen, damit die Erdtemperatur nicht so immens weiter ansteigt. Zuviel Hitze führt dazu, dass auch alles Leben nicht weiter existieren kann und absterben wird.

Ja, und dann schauen wir uns doch mal weiter um:

Das könnte aber auch gefährlich werden! Die Menschen wollen weiter und weiter in ihrer Anzahl anwachsen. Wollen dazu auch alle satt werden und gut leben. Dazu benötigen sie aber eine ausreichende Ernährung. Sehr viel an Fleisch- und Pflanzenkost. Dazu auch Wohnstätten, die so ausgestattet sind, dass sie nicht frieren müssen. Sich heimisch fühlen. Wie geht man aber gegenwärtig vor? Es wird für den Anbau von Nutzpflanzen immer mehr an Urwälder vernichtet. Das sind aber die grünen Lungen für die Lebewesen. Dort wird ja ein großer Beitrag zur Lebenserhaltung geleistet.

Die meisten Menschen wollen eine Betätigung, eine Arbeit. Das sei ja erst der Sinn eines menschlichen Daseins, ist die Meinung von vielen, wie sie, die Nichtfassbare, so vernahm. Doch sie entdeckte während ihres Überfluges viele, viele, die keine Arbeit hatten.

Doch sie erblickte auch, dass mit sehr hohem Eifer, sicher auch getrieben zur Selbstverwirklichung, riesige Mengen an Nahrungsmitteln produziert wurden, um den Hunger der Erdbewohner zu stillen.

Doch der zunehmende Abbau der Naturprodukte hatte seinen Preis: ihre weitere Ausbeute, Umwandlung und auch Zerstörung. Deren Erhalt ist aber grundsätzlich die Bedingung, dass die darauf angewiesenen Wesen sich erhalten, wachsen, reproduzieren können. Wenn die dazu notwendigen elementaren Stoffe zu gering werden oder vollkommen wegfallen oder auch zu hoch als giftige Substanzen auftreten, dann kann der existentielle Stoffwechsel im Ab- und Aufbau nicht mehr richtig funktionieren. Die Möglichkeit des sich selbst erhaltenden Lebens könnte dann nicht mehr gegeben sein. So allmählich, dieses berücksichtigend, entwickelt sich aber ein Nachdenken und damit ein nachhaltiges Produzieren zum Erhalt der Natur. Zum Erhalt ihres erzeugenden, auf- und abbauenden Stoffwechselprozesses.

Bei ihren Gedanken an diese elementaren Stoffe fing die Nichtfassbare an, ihr Haupt zu schütteln. Wie konnten diese Menschen nur so vermessen, davon überzeugt sein, diese kleinsten Wirkungen der immerwährenden Bewegungen selbst beherrschen, steuern zu können. Sie zu spalten oder auch zusammenzufügen. Sie hatte noch vor sich, diesen Anblick der zerstörten Orte, der Kraftwerke, die zerstrahlte Landschaft und selbst die vielen, vielen Menschen mit ihren durch die Strahlungen verursachten tödlich wirkenden Körperwucherungen. Das hätte doch reichen müssen, zur Einsicht zu gelangen, solche Anlagen nicht weiter zu errichten. Aber nein! Sie machten weiter. In der ermessenen Überzeugung bestimmt, durch ihre geistigen Fähigkeiten alles, was wirkt, sich bewegt, zu erkennen, beherrschen zu können.[65]

Ja, und ganz zufällig schaute die ewige Nichtfassbare auch in den Untergrund der Erde. Sie hatte ja die Gabe,

---

[65] Es waren die Ausmaße der Atomkraftwerkskatastrophen in Tschernobyl (Ukraine) und später die in Fukushima (Japan).

überall hineindringen zu können. Wie listig doch einige von diesen Menschen waren, fiel ihr dabei auf. Da haben sie doch tatsächlich im Verborgenen diese Körper, genannt Raketen, in hoher Anzahl versteckt, mit denen alles Leben auf der Erde ausgelöscht werden kann. Der Grund ist sicherlich, dass sie in ihrem Verlangen nach Selbstverwirklichung anstreben, durch Vernichtung anderer die Größten und die Machtvollsten zu sein. Es ist wieder der schlagende Beweis dafür, dass sie durch ihre Vorstellung, über allem zu stehen, zu herrschen, ihren eigenen und aller anderer Untergang riskieren. Gut, dass sie erahnt haben, darüber nachzudenken, dass die Auslöschung anderer auch ihre eigene Vernichtung beinhaltet. Doch es kommen bei einigen immer die Überlegungen auf, relativ begrenzte Kriege, auch mit diesen Atomwaffen, führen zu können. In dem Glauben sicherlich, dass sie als deren Kriegsgewinner die Mächtigsten dann sein könnten.

Auch war für sie auffallend, dass sich einige Alleinherrscher, Diktatoren, Präsidenten, die entwickelten Erkenntnisse über die Möglichkeiten der Veränderungen dieser lebensbestimmenden, aber doch winzig kleinen Erbstränge für ihren Machterhalt zunutze machen wollten.

Mit der Entschlüsselung deren Aufbaus hatte man auch Verfahren entwickelt, aus diesen Strängen Abschnitte herauszutrennen, um sie mit anderen Erbteilchen, bezeichnet als Gene, zu ersetzen. Damit wollte man Erbfaktoren beseitigen, die Auslöser von sehr üblen Behinderungen oder tödlich wirkenden Erkrankungen sein konnten.

Dieses Suchen fand auch der Unbegreifbare, ewig Wirkende, nicht schlecht. Doch wiederum entdeckte man, dass es mit diesen Verfahren auch möglich wurde, ganz gezielt eine bestimmte Art von Menschen heranzuzüchten, entstehen zu lassen. Schon hatten damit auch einige die Überlegungen, solche zu erzeugen, die sich angepasst gegenüber der Staatsmacht verhalten würden.[66]

Diese Entwicklung befindet sich noch in anfänglichem Ausprobieren. Man muss aber beachten, dass immer mehr Länder in Einzelherrschaft geleitet werden, sodass ein großes Interesse daran besteht, diese Art von Untertanen als Bevölkerung sein Eigen zu nennen.

Auch kann die elektronisch-digitale Entwicklung zur möglichen Verwirklichung dieser Absichten sehr gut angewandt werden. Mit dem Ausbau dieser Geräte lassen sich optimal viele Menschen überwachen, ablichten und deren Daten speichern. Es gibt auch hier schon Länder, die bei regelmäßig angemessenem Verhalten Prämien an die Betroffen ausschütten; andererseits bei Rechtswidrigem diese mit Sanktionen oder Bestrafungen ahnden. Die Systeme der Überwachungsmöglichkeiten werden immer perfekter ausge-

---

[66] Berichten zufolge geschieht das mit dem so bezeichneten CRISPR/CAS9-Erbgutschneideverfahren zur Veränderung der DNA-Moleküle (Chromosomen); (alles n. Spektrum der Wissenschaft Kompakt, Ausgabe 02.2017, S. 83 ff. u. a. Stellen).

baut. Man spricht schon von digitalen Überwachungsstaaten.

Sie zog über all diese Erscheinungen ihre Stirn kraus. Es steht wirklich nicht gut um meine Menschenwesen, fühlte sie so.

Wiederum sah sie, dass der überwiegende Teil der Menschen auf der Erde keine Beschäftigung, keine Arbeit hatte. Sie bekamen auch keine sie stützende finanziellen oder materiellen Hilfen. Die Kluft zwischen Arm und Reich weitete sich immer mehr.

Ich werde doch mal alles, was ich so sah, in den Kreisen der ewig Wirkenden, diesen Unbegreiflichen, besprechen müssen, überlegte sie.

Sie kamen dann alle zusammen.

Na, ließ man verlauten, das Problem mit diesen eigennützigen Alleinherrschern und der gerechteren Aufteilung der Einnahmen und Güter ließe sich lösen. Die Menschen müssten, wie schon immer geschehen, ihren Widerstand organisieren und dagegen aufstehen. Mit ihrem Wissen etwas Besseres, einen aufbauenden Sprung, eine Revolution zu mehr Gerechtigkeit wagen. Ein System der aufteilenden Gerechtigkeit! Bei deren hohen Wissensstand müsste ihnen dies doch wirklich gelingen können. Es bedürfe natürlich, wie die Erfahrungen zeigten, wieder vieler ihrer Opfer. Sollten sie Erfolg haben, dann hätten sie wenigstens ein Stück davon, was schon vor langer Zeit gefordert wurde, seinen Nächsten so zu lieben, wie sich selbst, zur Realität werden lassen. Jedenfalls so lange, bis

nicht wieder andere, in ihrem Drang der Selbstverwirklichung, alle anderen kontrollieren, benachteili-
gen, ausbeuten, unterdrücken wollten. Es ist eben
dieser ewige Kreislauf im Leben dieser aufrecht Gehenden, so lange wie es sie geben wird. Es wird immer Menschen geben, die alle Macht an sich reißen
und egoistisch sich verwirklichen wollen. Auch in
eigener Überzeugung, die besten Lösungen, den Weg
für alle anderen gefunden zu haben. Damit aber auch
ungern andere Ansichten zulassen, sie sogar unter
Strafandrohungen verbieten. Damit auch urteilen, wer
von den anderen sich entfalten, leben oder nicht leben
darf. Das sogenannte Richtige gegen das Unrichtige
wird sich immer im Kontrast befinden. Nie wird eins
über das andere für immer den Sieg erringen. So dich-
tete es ja schon vor einigen hundert Jahren der be-
rühmte Dichter Friedrich Schiller.

Doch diese Schädigung oder auch Vernichtung der
Natur sowie ihrer Stoffe, ihrer Geschöpfe, die können
nicht auf diese Art und Weise gelöst werden. Einmal
erzeugt, werden diese Veränderungen, entweder in
gewaltiger Kraft oder auch durch winzig kleine Teilchen, Elemente, all das Lebende schädigen. Bestimmt
auch auslöschen, wenn sie den Bedingungen zum
Weiterbestehen nicht der natürlichen Anpassungsfä-
higkeit genügen. Den Anfang dazu haben sie schon
gestaltet, so schätzten es einige der Ewigen, Unbegreifbaren, ein.

Die Menschen, da sie als Einzige begreifen, was

Zeit beinhaltet, können nun auch, da der Anfang schon gemacht wurde, etwas über die Strecke mit ihrem Anfangs- und Endpunkt in zutreffender Form voraussagen. Es sind ja einige mit ihrem Wissen so weit fähig, um Aussagen machen zu können, was eintreten könnte, wenn man so weiter macht. Wir, die ewig Wirkenden, für sie aber Unbegreiflichen, bewegen uns ja immerfort in eine Richtung. Für uns besteht kein Gestern oder Heute.

»Brüder und Schwestern aller ewiglich Wirkenden«, hob einer an. »Ihr wisst ja, dass es für uns diese Zeit nicht gibt. Die haben die Menschen für sich erkannt, da sie begriffen haben, dass jedes Neue auch ein Ende hat. Geburt und Tod, wie sie sagen! Für uns gibt es nur die ewig auftretenden Umwandlungen. Es ist so für uns ewig Wirkende unwichtig, ob es diese Menschen schon morgen nicht mehr geben wird oder ob sie es in Jahrmillionen noch gibt. Denn wir, die uns immer Bewegenden, sind unendlich. Eines haben unsere erschaffenen Lebewesen schon so ungefähr erkannt, dass ihr Dasein, wenn alles gut gehen sollte, so noch ungefähr viereinhalb Milliarden Jahre bestehen bleiben könnte und dann verwandelt wird. Durch was? Durch eine Supernova ›ihres Sternes‹, der ihnen bis jetzt durch sein Strahlen ihr Dasein ermöglicht. Lasst sie, diese Begreifenden, nur weiter auf der Suche bleiben. Ob es ein endgültiges Ziel gibt, das sie je erreichen werden? Wer weiß, wer weiß?« Ein lautes Lachen schallte über das Land.

Sie stimmten dann gemeinsam in ihrer Runde einen für die Menschen nicht zu verstehenden Gesang an mit einem Wogen im Auf und Ab, im Hin und Her. Schwirrten danach in alle Himmelsrichtungen aus.

Die Menschen mussten sich nun, alleingelassen, weiter auf die Suche begeben, ihren Weg zu gestalten. Das Tor des Gefängnisses doch zu öffnen. Der Kerkermeister hielt den Schlüssel dazu noch fest in seinen Händen.

Was sollte diesen denn dazu bringen, dieses zu öffnen oder auch seinen Schlüssel abzugeben?

5. TEIL

Schließt er doch das Tor auf?

Schließt er doch das Tor auf?

Hat es sich geöffnet, immer mehr aufgetan?

Es kam der Glaube, die Hoffnung, die Nächstenliebe zum Vorschein. Doch einiges von diesem konnte nicht gedeihen.

Doch es verschwand nicht vollständig. Es zeigt sich wieder als Fanal des Wissens, des Kampfes und der bleibenden Liebe zum Leben, verbunden mit der Natur.

Das Vergangene ist in uns, um daraus zu erfahren, was zukünftig anders werden sollte. Beim Davonschwirren dieser so Unbegreiflichen schaute sich einer von ihnen um. Noch einmal diese Menschen betrachtend. Es kamen doch noch zuneigende Gefühle für diese in ihm auf. Irgendwie gefielen sie ihm, diese Menschenwesen. Von Natur aus, in ihren Formen schön anzusehen. Mit ihren hellen Gesichtern, mit denen sie sogar ein Lachen von sich geben konnten. Ihre innersten Gefühle preisgaben.[67]

Ja, und ihre Befähigung, denken zu können. Zu begreifen vom Vergangenen bis zum Gegenwärtigen. Auch gestaltend die Zukunft.

---

[67] Gefühle bei komplex entwickelten Lebewesen sind Angst, Lust, Trauer, Wut, Aggression, sexuelle Erregungen. Die Menschen sind aber als Einzige dazu befähigt, gefühlsbetont ein Lachen zu erzeugen (vgl. Lit. Lexikon der Psychologie, Hrsg. Faktum Lexikoninstitut, S. 141 ff.).

Wie hatte das Unbegreifbare, ewig Wirkende in der Natur, dieses fast Wunderbare nur erschaffen können?

Er hatte deswegen kein Mitleid mit ihnen. Das wäre ja gegensätzlich zu dem, dass sie es selbst fertigbringen sollten, ihren eigenen, vielleicht auch den richtigen Weg zu gehen.

Er traf sich deswegen mit dieser Nichtfassbaren. Nahm so Kontakt zu dieser alles Überblickenden auf. Sprach zu ihr, dass sie doch wisse, dass diese Erdenmenschen auch schon sehr, sehr Vieles, Gutes wie auch Schlechtes, vollbracht hätten. Sprich doch mit einem von diesen mal darüber.

Das machte sie sehr gerne, und so wandte sie sich fragend an einen dieser Aufrechten:

»Doch antworte mir, wie meinst du, könnte es unter euch gerechter zugehen?«

Der Angesprochen wurde verlegen, dachte nach, und dann meinte er, um auch richtig zu antworten, wolle er erst einmal die Meinungen dazu von seinen Mitmenschen einholen.

»Doch etwas fällt mir dazu doch auf Anhieb ein: Dass es gerecht im gemeinschaftlichen Leben zugehen solle, damit habe man sich ja schon seit Ur-Urzeiten Gedanken gemacht und auch immer wieder dazu Ideen entwickelt, meinte er spontan.

Was ich so dazu, in schriftlicher und auch mündlicher Überlieferung von anderen so erfahren konnte, ist, dass es, weit zurückliegend, griechische Philosophen, auch schon davor andere Nachdenkende waren, welche darüber etwas aussagten.«

Ja, was denn?

Gerecht war meist für sie, dass der Einzelne verpflichtend dazu angehalten werden sollte, sich richtig oder, wie sie es nannten, tugendhaft zu verhalten.

Es war deswegen für sie aber nichts Unrechtes, Gefangene, Verkaufte oder auch Frauen als Arbeitssklaven zu halten. Immerhin wurde schon hervorgehoben, dass der Einzelne doch nach den Kriterien einer ausgleichenden und auch austeilenden Gerechtigkeit sich verhalten und auch entsprechend behandelt werden sollte. Es waren die Grundsätze: Jedem das Seine und auch jedem das Gleiche zukommen zu lassen.

Das wurde im römischen Imperium weiterführend dann übernommen. Bestehen bleibend dann auch in den nachfolgenden feudalen Gesellschaftsverhältnissen.

Vielleicht damals aufkommend mit der christlichen Religion, mit den später, wie berichtet wurde, verfassten Predigten von Jesus Christus, kam ja die Bedeutung der Nächstenliebe auf. »Du sollst deinen Nächsten lieben, wie dich selbst«, war ein ideell-religiöses Fanal. Doch realisiert hat es sich nicht.

In den weiter existierenden Herrschaftsverhältnissen wurden die Gegensätze, diese krassen Unterschiede zwischen Satten und Hungernden, Herrschern und Untertanen, Reichen und Armen, Eigentümern und Leibeigenen und vielem mehr, beibehalten.

Doch etwas verstärkte sich doch immer mehr unter den Menschen, dass sie diese Gegebenheiten nicht weiter ertragen wollten. Sie leisteten, immer mächtiger aufbrausend Widerstand. Erhoben sich dagegen. Wurden meist besiegt, bestraft, erschlagen.

Bis sie eines Tages doch den Sieg durch ihre Revolutionen erringen konnten.

Auf einer ihrer Siegesfahnen, der Trikolore, war deutlich zu erkennen, dass es Freiheit, Gleichheit, Brüderlichkeit[68] für alle Menschen geben sollte.

Sie fingen an – nicht verwirklichend in allen Ländern –, dieses Gebäude zu errichten.

Dieser Freiheitsgrundsatz kam bei vielen der Menschen verständnisvoll an. Dazu noch untermauert mit dem Menschenrecht der Gleichheit. Dieses sollte die politische und auch juristische Betätigung zur gleichen Behandlung aller Menschen ermöglichen. Die Grundsätze »die Würde des Menschen ist unantastbar«, »freie Wahlen« und dass »alle Menschen vor dem Gesetz gleich seien«, erhielten ihren Wirklichkeitscharakter und verbreiteten sich weltweit. Konnten aber bis gegenwärtig doch nicht überall realisiert werden.

Die Möglichkeit einer freiheitlichen Entfaltung gab

---

[68] Freiheitsfanal, schon seit Menschengedenken auftauchend, seitdem es Ungleichheit unter den Menschen gibt. Deren Streben, ohne Zwang selbst entscheidend handeln zu können.

dem Einzelnen nach seinen Intentionen auch die Fähigkeiten, etwas zu entwickeln oder aufzubauen, was sich dann auch für ihn selbst als ertragreich und gewinnbringend erweisen konnte. So gelang das meist mit der Errichtung eigener Unternehmen oder Firmen, deren erzeugte Produkte zum Erhalt der Existenz der Menschen als Waren angeboten wurden. Sie mussten aber doch erst hergestellt werden. Dazu benötigte der Unternehmer Menschen, die eine Arbeitsleistung für ihn zu erbringen hatten, wie ja darüber oben schon ausführlich beschrieben wurde.

Mittlerweile wuchs auch die Anzahl der Arbeitenden, da durch die technische Entwicklung die Produkte in hoher Masse hergestellt werden konnten. Auch nahm die Nachfrage nach ihnen auf den Wirtschaftsmärkten immens zu.

Die meisten arbeitenden Menschen mit ihren Familien waren aber gezwungen, ein recht bescheidenes Dasein führen zu müssen.

Er befragte nun hierzu viele der Menschen.

Sie forderten eine gerechte Entlohnung, die ihnen gewährleisten sollte, ihre Lebensexistenz ausreichend bestreiten zu können. Satt zu werden. Eine angemessene, warme Wohnstätte bezahlen zu können und in ausreichender Weise ihre benötigten Sachen geldlich erwerben zu können. Doch auf freiwilliger Basis kamen die darüber zu Entscheidenden diesen Forderungen nicht nach. Konnten sie auch entsprechend den gesellschaftlichen Gegebenheiten nicht erfüllen.

Das erzeugte mit der Zeit einen großen Widerstand. Man forderte immer mehr diese angemessene Entlohnung für die Arbeitsleistungen.

Am Anfang fand man unter ihresgleichen dazu wenig Gehör, da es meist nur vereinzelt mutige Menschen oder kleine Gruppen waren. Wurden diese zu aufmüpfig, dann setzte man die Polizei gewalthandelnd dagegen ein.

Doch dann rief man auf, um einen größeren Widerstand zu erreichen, sich zu vereinigen, sogar politische Parteien zu gründen.

Es entstanden daraus Gewerkschaften und Arbeiterparteien. Mit diesen hatte man nun die Möglichkeit, mit »geballter Kraft« wirkungsvoller für die Anliegen der Arbeitenden aufzutreten.

Man erreichte, zwar sich hinziehend über einen lang dauernden Zeitabschnitt, dass nun die Beträge der Entlohnungen zum Leben der Menschen ausreichten. Es wurde ein System der tariflichen Entlohnung geschaffen. Nur durften bei den nun erreichten besseren Lebensverhältnissen keine wirtschaftlichen Krisen entstehen. Dieses geschah aber immer wieder. Bis hin zu weltweiten Katastrophen, Warenumsatzkrisen, verheerenden Kriegen und auch großen Naturkatastrophen. Diese kamen, prophezeiend, schon fast einem möglichen Weltuntergang bedrohlich nahe.

Doch man überstand sie glücklicherweise.

Man fing wieder an, wirtschaftlich aufzubauen. Durch immense Vergrößerungen der Firmen, genannt

Konzerne, ging man dazu über, »rund um den Globus« die hergestellten Waren anzubieten und zu verkaufen. Den Menschen, die Arbeit hatten, kam das auch zugute. Ihr erhaltenes Entgeltniveau stieg dadurch. Es entstand sogar eine Marktstrategie, die den Menschen Anreize vermittelte, doch viel zu kaufen, viel zu konsumieren. Das steigerte dann auch wieder die Warenproduktion.

Ebenso entwickelte sich eine soziale Absicherung für die Fälle, dass der Einzelnen krank oder arbeitslos wurde. Dazu auch eine Absicherung im Alter, nach einer bestimmten Zahl der erbrachten Arbeitsjahre. Man bezeichnete das Ganze als Sozialstaatssystem.

Das hört sich ja recht vielversprechend an, vielleicht aufbauend zu einer ausgleichenden, gerechten Berücksichtigung für die arbeitenden Menschen, gab so diese ewig Nichtfassbare, hörbar tragend mit einer nicht abnehmenden Windböe, von sich. Mal abwarten, ob der Wind auch nicht abebben wird. Mir läuft die Zeit ja nicht davon. Schaue dann mal so in einem Jahrhundert nach deiner Zeit nach, was daraus geworden ist.

Das vollzog sich aber nicht in allen Ländern hier auf Erden. Die größte Zahl der Menschen fand auch gegenwärtig keine Arbeit und hatte somit auch keine finanzielle Absicherung. Sie mussten deshalb meist in bitterer Armut leben, siechten dahin, starben sogar des Hungers.

Er, den die Nichtfassbare gefragt hatte, horchte

wieder nach, was die Menschen dazu meinten: Es müssen alle satt werden können. Die reich Gewordenen sollen dazu einen höheren Beitrag leisten, hörte er es raunen.

Hier setzte dann auch wieder die Suche nach der Realisierung der Gerechtigkeit an, dass doch alle, alle Menschen genügend zu essen haben, sattwerden sollten und nicht verhungern müssten.

Was ist diese Forderung nun? Ein reines Ideal, nicht zu erreichen? Oder doch ein Fanal erstmal, um es in Zukunft als austeilende Gerechtigkeit zu verwirklichen?

Es könnte von dem schon von Aristoteles entwickelten Gedanken, der Idee einer austeilendenden Gerechtigkeit weiterentwickelt werden. Man müsste aus der individuell bezogenen Forderung »jedem Einzelnen das Seine« abändernd dann für alle das Prinzip bestimmen, dass alle das »ihnen Notwendige« erhalten sollen.

In einigen wirtschaftlich hochentwickelten, reichen Ländern kamen ja auch, wie schon zuvor erwähnt, solche Vorstellungen zur Diskussion, jedem ein sogenanntes »bedingungsloses Grundeinkommen« durch staatliche Stellen zu ermöglichen. Zusammenhängend durch die immer effektiveren Produktionsmöglichkeiten von Gütern, ausgehend durch die sogenannte technisch-digitale Entwicklung. Durch deren Anwendungen ist es ja so, dass die rein menschliche Arbeitskraft zur Produkterzeugung immer weniger notwendig ist. Die verbleibende arbeitsfreie Zeit für den Einzelnen steigert sich immer mehr. Diese müsste man absichern, um den Menschen ein angemessenes, auch ihren einzelnen Bedürfnissen erfüllendes Dasein zu ermöglichen. Es soll aber keine staatliche Fürsorge, Sozialhilfe, beinhalten, die ja nach den Kriterien einer vorhandenen Bedürftigkeit ausgelegt ist. Finanzieren könnte man das alles über die, wie gemeint, hohen steuerlichen Einnahmen der Verbraucher-, Gewerbe-, Umsatz-, Einkommens-, Reichensteuer.

Doch er hörte, dass es auch viele Meinungen gab, die sich dagegen wandten:

So wurde argumentiert, dass das alles den Geruch eines Wohlfahrtsstaates habe, wobei die Gefahr bestehe, dass der Einzelne seine Motivation verliere und nichts mehr durch Eigeninitiative oder Kreativität beitragen werde. Er werde ja ohne Eigenleistung gut versorgt. Dazu auch, dass die Arbeit dies sei, was den Menschen in seiner Art, Spezies, ausmache. Seine qualitative Weiterentwicklung aus dem Tierreich. Das dürfe man nicht verkümmern lassen. Es würden dadurch nur weitere Probleme entstehen.

Dann auch die Argumente, dass es das Wichtigste sei, die Ausbeutung von arbeitsleistenden Menschen durch andere abzuschaffen. Sollte das nicht eintreten, dann gäbe es weiterhin die nicht zu überwindenden Gegensätze zwischen den Menschen. Deren Abschaffung würde dann auch nur durch eine Revolution, einer qualitativen Entwicklung, erfolgen können.

Das stammt von einer weit verbreiteten Theorie einiger Wissenden. Diese hatten analysiert, dass die menschliche Gesellschaft aus gegensätzlichen Klassen besteht. Die privatwirtschaftliche, genannt kapitalistische, sei deren höchste Entwicklungsstufe und werde dann durch eine Revolution, getragen von der Arbeiterklasse, abgelöst, um ein sozialistisches Gesellschaftssystem zum Übergang in eine kommunistische Lebensform aufzubauen.

Dieser Umbruch vollzog sich in einem großen Land, das fast einen ganzen Kontinent umfasste.

Doch dieser hatte nach längerer Regierungszeit keinen Erfolg.

Es war dort eine »Personendiktatur« entstanden, die keine Meinungen zuließ, vor allem keine kritischen und sogar auch keine konstruktiven. Dazu funktionierte die angemessene Versorgung mit den notwendigen Lebensgütern für die Menschen nicht. Ja, und ganz entscheidend war die Einschränkung der Freiheitsrechte für die Menschen dort. Nach langanhaltendem Widerstand brach diese neue Gesellschaftsart durch große Volkserhebungen in sich zusammen.

In den meisten dieser Länder ging man wieder dazu über, nach privatwirtschaftlicher Wirtschaftsart, auch parlamentarisch, demokratisch das gesellschaftliche Leben zu gestalten. Das kapitalistische System brachte doch den meisten mehr Vorzüge, war der allgemeine Meinungstenor.

Das Fanal der Freiheit war doch eines der größten Errungenschaften für die Menschen.

Doch nicht überall auf Erden vollzogen sich diese von der Mehrheit des Volkes gewollten Umwälzungen.

In einem riesigen Erdenreich, wo etwa zwölf Prozent der gesamten Menschen leben, gelang es durch einige wirtschaftlich-politische Abänderungen, diese proletarische Diktatur, auch sogenannte zentralistische Staatsstruktur, zu erhalten und zu entwickeln. Es blieb ein sozialistischer Staat, getragen von einer Planwirtschaft, doch auch mit der Möglichkeit, private Unternehmen gründen zu dürfen. Auch mit privater Gewinnausschüttung, aber doch unter enger staatlicher Kontrolle. Eine Gewaltenteilung, vor allem ein demokratisches Parlament als gesetzgebendes Gewaltenorgan, existiert nicht. Dies vollzog sich in China.[69]

Das zustimmende Verhalten der meisten Einwohner dort konnte durch einen sehr ertragreichen wirtschaftlichen Aufbau erreicht werden. Fast alle erhielten einen Arbeitsplatz und ein ausreichendes Einkommen, um sicher zu existieren, sowie eine angemessene Wohnung durch den Neubau von Wohnan-

---

[69] Das Land hat 1,3 Milliarden Einwohner. Es besteht ein Einparteiensystem (KPCh). Wirtschaftlich das zweitgrößte Land auf Erden. Wird regiert von einem Staatsrat mit einem Vorsitzenden als höchster Herrscher.

lagen. Was noch wichtig ist, dass es ein sehr effektives Bildungssystem gibt. Man erreichte es auch, viele Menschen, trotz Wegfalls der Verwirklichungsmöglichkeiten ihres Eigennutzes, dahingehend zu motivieren, dass sie innerlich überzeugt wurden, nun eine sozialistische, auch gerechtere Welt aufzubauen. Sie vertrauen darauf, in, wie sie es nennen, »patriotischer Einstellung« gegenüber der Regierung, dieses System engagiert mittragen zu wollen. Eine breit getragene Gegenbewegung zur Entfaltung republikanischer Rechte gibt es nicht. So wird es meist in den Medien der in Konkurrenz stehenden anderen Länder berichtet. Aus dem beschriebenen Land selbst kommen dazu nur wenige kritische, aber meist positive Nachrichten.

Wirtschaftlich sind aber doch große Erfolge zu verzeichnen, sodass auch viele andere Länder um gute Beziehungen zu diesem Land bemüht sind.

Die Nichtfassbare, als sie dieses Land überflog, zog ihre Stirn etwas skeptisch aussehend kraus. Nun ja, zur Erreichung einer austeilenden Gerechtigkeitsverwirklichung sieht es da ja schon recht gut aus, dachte sie so.

Nur, wie könnte es noch möglich werden, dass das freiheitliche Prinzip sich nicht zu diesem »sozialistischen Aufbau« im krassen Gegensatz befindet? Vielleicht hat es auch nicht so eine Priorität im Dasein der Menschen, wie dort offiziell verkündet wird. Da ja dieses, die persönliche Freiheit priorisierende System, wie es sich gezeigt hat, das egoistische, auch aggressive Verlangen sehr stark hervorgebracht hat. Doch in China scheint es wichtig zu sein, dass

ein Miteinander, eine Solidarität, zum Grundsatz des ge-
sellschaftlichen Daseins mitexistiert. So wird es dort darge-
stellt.

Das hörte auch dieser Erdenmensch, und er horchte auf, welche Einschätzungen die anderen dazu vor-
brachten. Die Kritik gegen diesen sozialistischen
Zentralstaat war weittönend, nicht zu überhören. Das
führe doch nur zu einer Personendiktatur. Zu einer
geschlossenen fundamentalistischen Doktrin.

Die Möglichkeit, dagegen auch eine Kritik zuzu-
lassen, muss gewährleistet sein.

Vor allem die Möglichkeiten, kreativ frei zu entscheiden, aber auch zur eigennützigen Entfaltung, das
hatte doch immer wieder die gesamte gesellschaftliche Entwicklung mit einem gewaltigen Schub nach
vorne gebracht, so hieß es. In der Industrieproduktion, der Technik, den Dienstleistungen, der Wissenschaft, der Medizin, aber auch im Zusammenleben
der Menschen. Auch das Riesenheer der Arbeitenden,
die dort mitwirkten, war mit der realen Situation,
wenigstens in einigen hoch entwickelten Ländern,
recht zufrieden. Verändern wollten sie schon, aber
nicht durch eine gesellschaftliche Revolution. Die
dann doch, wie die Vergangenheit bewiesen hatte, nur
meist einen Cäsaren, Oligarchen, Diktator an die
Macht gebracht hatte. Hier in der Demokratie, mit der
Möglichkeit von Reformen, konnte bei der Ausführung von Plänen, beim Produzieren und Handeln
gleichfalls, wer wollte, sehr kreativ sein. Auch wer

sich nicht in weisungsgebender Funktion befand, war doch partizipiert, trotz Ungleichheit mitgestalten zu können. Erhielt meist ein entsprechendes Entgelt zur ausreichenden Lebensexistenz. Wurde sogar noch umworben, viel zu kaufen, zu konsumieren. Es wurde aber von Theoretikern vor dieser einseitigen Interessensbeeinflussung, vor allem gezielt eingesetzt von den Massenmedien, gewarnt. Das führe dazu, dass die meisten in »eindimensionaler Weise« ihr Leben gestalten. Nur an das massenhafte Verbrauchen materieller Güter interessiert seien. Doch allem anderen, was um sie herum geschehe, gleichgültig sei. So erkannt von einem Vertreter der Kritischen Theorie, Herbert Marcuse, in seinem Buch »Der eindimensionale Mensch«.

Auch wenn das global nicht überall so war. Diesen Unterschied brachte die menschliche Neigung, das Bestreben zur Selbsterhaltung, zur individuellen Verwirklichung, mit sich. Der Beste, der Stärkste, der Klügste und Ähnliches zu sein. Es sei in den Menschen innerlich verankert. Dadurch werden auch immer die Unterschiede, dieses Ungleiche ein Dasein haben. Eine austeilende Gerechtigkeit, das sei ein Ideal, welches sich aber doch nicht voll verwirklichen lasse. Sollte man nun alles Erworbene, allgemein gleich, allen Menschen zukommen lassen, es gerechterweise verteilen wollen, dann werde dies auf eine verbreitete Gleichmacherei hinauslaufen. Das wird aber nie zutreffen, da die Menschen im Einzelnen, getragen durch das Ausleben ihrer inneren Neigungen, das Gemeinschaftliche doch lieber vermeiden. Sogar gleich Verteilendes verhindern möchten, damit ihre selbstverwirklichenden Ziele ihnen auch seelisch ein hohes Gefühl der eigenen Wertschätzung verschafft. Es muss sich doch gelohnt haben, als Mensch existiert zu haben. Es ist schon erstaunlich, wie doch der Ausspruch des Preußenkönigs Friedrich II. noch passend ist, dass doch jeder seines Glückes Schmied sei.

Man könnte ja, um dem Gerechten eine Berechtigung zu geben, zur Berücksichtigung aller, mehr aus Gründen der Vernunft, Projekte von Unterstützungs- und Hilfsmaßnahmen schaffen, die dann, mit dem Ideal der Barmherzigkeit, tatsächlich alle ausreichend existieren lasse. So argumentierten häufig diejenigen, die »es in ihrem Leben« zu etwas gebracht hatten. Doch auch viele, die dieses Miteinander untereinander ausdrucksvoll umsetzen möchten.

Das hörte auch einer dieser Unbegreifbaren. Er breitete sich aus und kam hernieder, um doch einem dieser Erdenmenschen etwas mitzuteilen. Keine Moralpredigt, nichts, was ihn in dessen eigenen Entscheidung bevormunden sollte:

»Man weiß ja«, so begann er, »dass der Mensch in seiner Entwicklung – zwar verbunden mit der Natur, aber doch durch sein Bewusstsein – seinen eigenen Weg gehen kann. Ihr habt es ja selbst beschrieben, dass der Mensch durch seine Fähigkeit zu denken, ein zur Vernunft begabtes Wesen sein kann. Doch aber kein ausschließlich von der Vernunft geleitetes Wesen.«

Die Vernunft wird ihm auch nicht so wie der Regen vom Himmel gesandt oder als Naturgesetz eingeimpft. Auch wenn ein sehr bekannter Philosoph, I. Kant, den Grundsatz formulierte, dass der Einzelne so handeln solle, dass seine Handlung auch das Gesetz für den anderen werden kann. So steht doch in dieser Formulierung, dass dafür primär immer das menschliche Handeln notwendig ist. Die Menschen müssen somit mit ihren Gefühlen, Empfindungen, ihrem Geist, ihrem Wissen selbst entscheiden und festlegen, was vernünftig sein könnte. Diese ihre Entscheidungen oder auch Handlungen sind aber prinzipiell von den Neigungen individuell interessensgesteuert ausgerichtet. Das ist immer vorhanden, in jedem Einzelnen verankert. Es wurde und wird ja auch als triebbedingtes Bedürfnis der Selbsterhaltung, welches auch seine Befriedigung sucht, von Theoretikern, vor allem von Psychoanalytikern, so beschrieben. Exemplarisch zeigt es sich in den Entscheidungen und Handlungen derer, die politisch herrschen, eine Macht ausüben. Ihre Handlungen sind generell geprägt und haben die Ausrichtung, das, wovon sie überzeugt sind, nicht nur zu vermitteln, sondern auch bei anderen innerlich zu festigen. Mit der Absicht, sich am besten verwirklichen zu wollen. Dieses Streben vollzieht sich aber meist mit der Überzeugung, dass ideell dies, was sie selbst erreichen wollen, das Richtige, Beste für die Allgemeinheit sein muss.

Das betraf und betrifft aber auch alle sogenannten ideellen Friedensbotschafter, wie Zarathustra, Konfuzius, Jesus, Ghandi und noch andere mehr. Auch so mächtige Diktatoren wie Hitler und Stalin hatten dieses von sich selbst Überzeugte von anderen, ihren zu folgenden sogenannten »Volks-Genossen« so verlangt. Es bedeutete für sie selbst, ein absolut richtiges Sendungsbewusstsein zu haben. Alle wollten sie, dass ihre Ideen von anderen angenommen, umgesetzt werden, sich somit selbstverwirklichend zu verherrlichen. Aber auch in eigener Überzeugung, dass es das einmalig Richtige für die Allgemeinheit sein müsste. So ist es denn, dass ausgehend von dem herrschenden System interessensgesteuert festgelegt wurde und wird, was als vernünftiges Credo, Leitsatz, geglaubt werden muss. Auch in der Gegenwart trifft man diese Situationen noch an. Ein Theoretiker der Psychoanalyse nannte dies auch einen »Narzissmus der Person«[70].

Weshalb es auch geschah, dass es sogar rechtens war, seine bezeichneten Feinde zu töten. Und es selbstverständlich wurde, dass es Führer und Geführte gebe, sogar auch in einem demokratischen System.

---

[70] Erich Fromm in seiner Schrift: Die Seele des Menschen, S. 61 ff.

Mit der Umsetzung der Vernunft in eine Handlungsfolge werden somit immer subjektive und politisch herrschen Wollende ihre Interessenziele verfolgen. Damit dieses veränderbar wird, bedarf es eines stetig wirkenden Gegensatzes, eines bewegenden Kontrastes zur Fortentwicklung.

Man kann ihn herleiten aus den Bewegungsabläufen in der Natur, die ja auch in ihren unterschiedlichen Abläufen sich endlos entwickelt. Die Menschen können dies nun als Beispiel für ihre Handlungen heranziehen. Es ist aber doch immer zu beachten, dass diese Vorgänge durch die Entscheidungsfähigkeiten der Menschen nicht linear sich entfalten, sondern durch diese subjektiv verändert, festgelegt, ausgeführt werden. So aber auch eingreifend im Werdenden, dass sie die Möglichkeit haben, alles, auch kritisch, zu hinterfragen. Nur ihre Berechtigung, ihre Meinung kundzutun, führt dazu, dass auch ihr Bestehendes nicht erstarrt. Sogar so weit gehend, dass man durch diesen Widerstand etwas für das Dasein Notwendige mit verwirklichen will.

Ist dieser offene Bewegungsablauf nicht möglich, dann erstarren die Inhalte zu einem Dogma, werden fundamental.[71]

---

[71] Das ist eine geschlossene, absolut geltende Theorie, die keine Entwicklung, Veränderung zulässt. Als Beispiel so einige Religionen, Katholisches Dogma, Islamischer Fundamentalismus; auch die Materialistisch-Historische Philosophie, verwendet als Staatsdok-

Das müsst ihr bedenken, doch danach handeln, dass müsst ihr selbst, ganz allein ihr Menschen vollziehen. Das riet ihnen allen das ewig Wirkende, doch immer Unbegreifliche. Dem schloss sich diese Nichtfassbare, dieses Sehnsuchtsvolle an. Ich weiß aber, so fuhr diese fort, dass diese gesellschaftlichen Systeme, die diese Möglichkeiten der Meinungsfreiheiten nicht zulassen und unterdrücken, eines Tages wie der Deckel eines Topfes, wenn sein Wasser zu kochen beginnt, explodieren könnten. Das war bis jetzt eine immer auftretende Erscheinung »Neues zu erreichen«. Das gilt für alle jetzt bestehenden Gesellschaftssysteme. Doch eines noch und nehmt es euch zu Herzen, solange ihr dies in euch pochen hört, fuhr sie fort:

Auch alles Veränderte aus diesem Neuerreichten, auch wenn es für die Menschen einen Fortschritt bedeutet, überholt sich eines Tages selbst, ist nicht mehr tauglich. Es muss verändert, weitergestaltet werden. Das schafft ihr aber nur mit eurem Denken, Wissen, welches ihr dann auch unter euch verbreiten müsst. Es kann aber nur dann geschehen, wenn ihr die Freiheit dazu besitzt, eure Meinung kundzutun. Und wenn es notwendig ist, dann zu handeln, sogar zu kämpfen.

Was aus ihnen, diesen Menschenwesen, wohl werden wird? So orakelten diese ewig Wirkenden und all diese Unbegreifbaren, versammelt in ihrer Runde. Für

---

trin in der UdSSR, Kuba, anderen sozialistischen Ländern.

viele der Menschen glaubend, bezeichnet auch das Göttliche. Sie flogen weiter über die Erde und in ihrem Selbst, etwas zweifelnd fühlend fragten sie sich:

»Werden sie, diese aufrechten Begreifenden, sich selbst vernichten oder werden sie doch weiter bestehen bleiben, bis sich ihr galaktisches Solarsystem explodierend in etwas ›Anderes‹ umwandeln wird?«

Weitere Veröffentlichungen

ERINNERUNG ALS SCHMERZ UND HOFFNUNG
Erzählungen
BoD, Norderstedt 2021, ISBN 978-3-7543-0331-3
Taschenbuch, 176 Seiten, auch als E-Book
Vier belletristische Darstellungen über die Entwicklung der Menschheit bis zur heutigen Zeit von Manfred Chaluppa in seiner speziellen Erzählweise.

DIE WANDERNDEN ZWISCHEN DEN WELTEN
Vier Schicksalserzählungen
BoD, Norderstedt 2021, ISBN 978-3-7534-0419-6
Taschenbuch, 164 Seiten, auch als E-Book
Vier Erzählungen über vier menschliche Schicksale. Tragisch, aber auch hoffnungsvoll. Gibt es einen zeitlich fortlaufenden Zusammenhang zwischen ihnen? Wer weiß es schon?

VOM SEIN ZUM BEWUSSTSEIN – VOM WISSEN ZUM DASEIN
Drei Erzählungen
Literareon im Utzverlag, München 2020
ISBN 978-3-8316-2225-2, Taschenbuch, 74 Seiten
Manfred Chaluppa widmet sich in seinen drei Erzählungen zentralen Themen unserer Gesellschaft und zeichnet deren Entwicklung und Dynamik auf luzide Weise nach. Dabei erwartet den Leser jedoch kein trockenes Referat harter Fakten. Vielmehr gelingt es dem Autor, gesellschaftliche, medizinische und technische Prozesse in literarische Formen zu gießen und dem Leser einen alternativen Blick auf die Welt anzubieten.